DÉVELOPPEMENS

DES

PRINCIPES ROYALISTES.

IMPRIMERIE DE LE NORMANT, RUE DE SEINE.

DÉVELOPPEMENS

DES

PRINCIPES ROYALISTES

AU 20 JANVIER 1816;

PAR M. DE SALABERRY,

MEMBRE DE LA CHAMBRE DES DÉPUTÉS.

A PARIS,

CHEZ LE NORMANT, LIBRAIRE,

RUE DE SEINE, N° 8; ET QUAI CONTI, N° 5,

ENTRE LE PONT-NEUF ET LA MONNAIE.

M DCCCXIX.

DÉVELOPPEMENS

DES

PRINCIPES ROYALISTES

AU 20 JANVIER 1816 (1).

(Premier article extrait du *Conservateur.*)

1°. *Nous sommes irrévocablement attachés au gouvernement monarchique et à la succession légitime dans la maison régnante* (2).

« Dieu et le Roi, le Roi et les Bourbons : » c'est le sentiment de cet amour inné dans les cœurs français ; c'est ce religieux et irrésistible amour qui a fait tomber aux pieds du premier de nos princes qu'ait revu la capitale, sa population tout entière. Le nom de Français couvroit tout : tous se précipitoient au-devant de ses pas ; tous étoient *affamés* de revoir un prince de cette auguste et royale famille qui pardonne toujours.

Il n'y eut pas douze mois d'intervalle entre cette journée de bonheur et la désastreuse nuit du

---

(1) Voyez *Journal Général*, 25 mars 1816, n° 572.

(2) Premier § de la Déclaration du 20 janvier 1816.

20 mars. Le Monarque avoit recueilli, au mois de mai, les témoignages de l'allégresse comme un père rendu à ses enfans. Au 20 mars, forcé de les quitter par *la plus inconcevable défection*, comme il l'a dit lui-même, il entendit le langage des larmes. Paris surpris, comme Crémone, par ses égouts, fut et dut être frappé de stupeur : *le ténébreux*, *l'homme de nuit*, *l'homme fatal*, qui avoit attendu le soir pour revenir occuper le palais de nos maîtres, se garda bien de prendre pour un triomphe tant de douleurs et tant de regrets. La Providence a permis que le joug impérial fût une seconde fois brisé, et le fût pour jamais ; elle a permis que le Monarque ait recouvré une seconde fois l'héritage de ses pères : il est encore revenu le pardon à la bouche et l'oubli dans le cœur.

La première entrée du Roi, en 1814, ne peut être comparée qu'aux transports de joie qui ont accompagné son retour ; mais il est utile de peindre en opposition les efforts criminels que le prétendu serviteur de son Roi, le soi-disant ami des Bourbons, le régicide Fouché de Nantes, le ministre Fouché, Fouché, duc d'Otrante, fit inutilement pour arrêter, pour comprimer, pour prohiber ces trop significatifs transports. En vain le ministre perfide, le maître des fourberies, déroba-t-il à la population de Paris le moment de l'entrée : les barrières tenues fermées par ses ordres furent franchies; la vigilance des gardes trompée : tous les âges, tous les rangs, tous les sexes passèrent la nuit au bivouac dans les plaines de Saint-Denis, et l'aurore du lendemain éclaira aux pieds du Roi l'hommage de leur amour. Dans les temples, dans les places publiques, chaque cité, chaque village répondit à l'enthousiasme de la capitale; et il n'est que vrai de dire que la France fidèle, la France presque entière jusqu'aux six derniers mois de 1816, retentissoit des cris et des témoignages publics qui manifestoient l'assentiment général, et qui proclamoient *l'attachement inviolable au gouvernement monarchique, et à la succession légitime dans la maison régnante.* Le petit nombre de factieux se taisoit et se repentoit; ils étoient bien éloignés de croire qu'un système les appelleroit bientôt aux récompenses presque exclusives.

Il appartenoit au système ministériel, à ses fondateurs et protecteurs, de manœuvrer avec tant d'ineptie ou de perfidie, que ce principe sacré, règle unique de tous nos devoirs, condition nécessaire de notre salut, sauve-garde de notre avenir, menace de devenir une question, et d'être audacieusement mis en problème : il est temps que j'apporte des preuves.

D'abord, qu'on se rappelle bien que c'est le ministère lui-même, le ministère seul qui demanda, en 1815, les lois d'exception par l'impérieux motif *que de grands attentats avoient été commis ; que les lois avoient été méconnues, et que les lois anciennes et nouvelles ne contiennent que des dispositions suffisantes pour la répression de ces délits et de ces crimes dans des temps de tranquillité, et lorsqu'aucune circonstance extraordinaire ne trouble l'ordre et la marche accoutumée du gouvernement.* (Paroles du ministre de la justice, 16 octobre 1815.)

La loi sur les provocations à la révolte et sur la répression des cris séditieux fut donc accordée au ministère à une majorité de 253 contre 69. Il pensoit alors avec nous que « c'est par la calomnie, » l'outrage et l'injure qu'on prélude aux révolu- » tions et aux trahisons, qu'on s'applique à dé- » truire le respect pour miner le trône, et à dimi- » nuer la vénération et l'amour. » (Paroles de M. le ministre de la justice, 16 octobre 1815.) Il pensoit alors avec nous : « qu'un système suivi de » calomnies et d'injures prépare insensiblement » les esprits au développement des plus abomi- » nables desseins. » (*Id.*)

Cette loi fut suivie de la loi sur la liberté individuelle, présentée le 7 décembre 1815, et acceptée de confiance et de conviction à la majorité de 294 voix contre 56. Le ministre de la police dit alors que « le sacrifice du droit sacré de la liberté » individuelle est immense ; mais que, commandé

» par l'intérêt et la sûreté de l'Etat, il n'en sera » pas un pour les citoyens fidèles..... Il ne sera » un objet de terreur et d'alarmes que pour les » traîtres dont il détruira les criminelles espé- » rances. » (Paroles du ministre de la police, 18 octobre 1815.)

On n'a pas tardé à les rassurer : par une prévoyance que le laps des mois a promptement caractérisée, l'adoption de la loi a été suivie d'une circulaire publique et patente dont il étoit permis aux *citoyens fidèles* de s'étonner et de s'inquiéter. Si cette circulaire avoit été adressée secrètement aux agens de l'autorité, elle auroit pu être réputée louable; mais la publicité de cette circulaire pouvoit-elle avoir d'autre but et d'autre effet que de prouver aux coupables que le système étoit déjà de les ménager et d'être agréable à leurs yeux? Le système ministériel déjà conçu, déjà fondé, remplissoit fidèlement la première condition imposée par ses auxiliaires, celle de donner des garanties aux ennemis de la légitimité.

Mais bientôt cette sagesse et cette connoissance des hommes qui président au système ministériel, ont fait juger que chez les Français, nés bouillans et démonstratifs, l'attachement au gouvernement monarchique et à la succession légitime dans la maison régnante se manifestoit, depuis le retour du Roi, avec trop d'explosion. On s'est souvenu que le sort des grandes émotions est de n'être pas durables, et on a réglé que désormais cet attachement-là seroit silencieux, et que les gardes nationales rassemblées ne crieroient plus qu'à huis clos : *vive le Roi, vivent les Bourbons.* On a pensé qu'il étoit bien de ne plus offenser les oreilles de quelques malveillans et de quelques mal pensans que le ministère a toujours été sûr de ramener, ainsi qu'on a pu en juger, il y a quelques semaines, par les chants et les cris d'affection vraiment monarchiques qui ont accompagné les élections et la conscription à Paris.

Quoi qu'il en soit, le ministère sait ou doit savoir que les dogmes les plus sacrés ont besoin d'un culte extérieur, parce que tous les hommes sont dirigés par des sens; mais, pour obéir au système, il fait semblant de croire qu'on peut porter dans son cœur attachement inviolable à la monarchie et à la légitimité, tout en professant, en débitant, en écrivant les maximes les moins royales. Cet attachement n'est point une doctrine, c'est un dogme : tout principe contraire, tout principe équivoque n'est point une hérésie, n'est point une erreur; c'est un crime; il est temps d'appeler les hommes et les choses par leur nom.

Tous les gens de bien ont ce principe français écrit au fond de leur âme, dans leurs regards et sur leur front. En est-il ainsi de ces patelins en toges, qui ont l'air faux, et n'ont que cela de vrai, et qui, dès qu'ils ouvrent la bouche, nous rappellent ce bon loup qui dévoroit un âne, et qui lui disoit : « Patience, mon ami ! » En est-il ainsi de ces *jurés peseurs de diphtongues*, dont tout l'art est de traiter toutes et avec toutes les *matières*, et qui débitent avec pruderie que « la » légitimité, c'est l'ordre ? » (*Moniteur*, 8 octobre 1816.) En est-il ainsi de ces hommes admis furtivement dans les conseils du Prince, et qui auroient osé dire que « si les Bourbons ne suivent » pas leur système, ils sauront bien leur faire ce » qu'on a fait aux Stuart ? »

Le système ministériel défend, d'un côté, les cantiques royaux, et de l'autre, l'Europe entière connoît les doctrines, les vociférations, les calomnies révolutionnaires qu'on approuve, qu'on autorise, qu'on soudoie. Quand finira-t-on ce jeu qui a pu paroître deux ans ridicule et absurde, et qui, devenu atroce et impie, commence à se jouer à découvert ? Il finira le jour même où Sa Majesté, « dont » la bonté a été si grande, selon les paroles de » M. le ministre de la police, en 1815, qu'on n'a » pas craint de la calomnier, de dire qu'elle étoit » au-dessus de ses devoirs, au-dessus de ses droits, » au-dessus de sa justice. » (*Loi sur la liberté individuelle.*) Il finira le jour où Sa Majesté jettera un regard foudroyant sur les hommes perfides qui cherchent depuis deux ans à l'égarer, et qui n'y parviendront jamais.

Les droits sacrés de la monarchie légitime ne sont rien aux yeux des inventeurs, des protecteurs, des auxiliaires du système dit ministériel; ils n'espèrent pas que la bonté du Roi soit longtemps, soit toujours *au-dessus de ses devoirs, au-dessus de ses droits, au-dessus de sa justice;* ils captent, surprennent et conquèrent des garanties contre la justice, les droits et les devoirs de leur souverain légitime.

Le système ministériel, disons le mot, il n'y a rien à cacher, il ne trompe plus personne; le système dit ministériel n'est pas constitutionnel, il est révolutionnaire : c'est d'un pouvoir révolutionnaire, et non d'un pouvoir constitutionnel, que les puissances révolutionnaires de tous les ordres en France veulent; et c'est de lui seul qu'elles peuvent et doivent vouloir. Le système veut bien composer avec la monarchie, pourvu que la monarchie se soumette à laisser régner sous son nom les révolutionnaires.

Y a-t-il de la présomption à établir l'origine du système dit ministériel? Qu'on me permette de l'essayer. Dès 1814, les révolutionnaires occupoient la pluralité de ces places dont l'exercice constitue le gouvernement; car les plus actives, les plus dangereuses par leur influence, ne sont pas les plus éminentes dans le sens absolu. Ces hommes se sont examinés eux-mêmes : l'intérêt personnel et la peur formèrent non pas d'élémens monarchiques, mais d'élémens homogènes, une espèce de corps, ou plutôt une condensation d'atomes remuans qui reçurent le sobriquet de *petit ministère*. C'est dans son sein que naquit le monstre politique, appelé système ministériel; et, grâce aux progrès de la *perfectibilité*, cet enfant-là a marché dès le premier jour de sa naissance. Tous les initiés firent le serment solidaire de fidélité à leurs places, et le pacte conservateur d'employer les sophismes, les flatteries, les mensonges, les perfidies, jusqu'aux absurdités, pour combattre des gens de bien qui vouloient la Charte qu'ils avoient jurée avec leur Roi et leurs princes, mais qui craignoient les Grecs, et ne vouloient point se payer de mauvaises raisons. C'est de cet arsenal que sont sorties toutes les calomnies à l'aide desquelles le système s'efforce depuis si long-temps de fasciner les yeux du Monarque, et de lui persuader qu'il ne peut pas régner *selon ses devoirs, ses droits et sa justice*.

Non, le règne des imposteurs ne pouvoit pas durer plus long-temps. La session présente a trahi leur foiblesse, et va montrer à nu toute leur perfidie. Lequel durera plus de jours à présent, du système ministériel ou de la monarchie? Voilà la question.

Toute la France veut son Roi ; elle veut son Roi et la légitimité, parce que toute la France veut le repos, et le veut pour le présent et pour l'avenir. La France n'oubliera jamais ces paroles éminemment françaises, ni l'homme de bien qui dut à l'amour de son pays le bonheur et la gloire de les avoir proférées le premier dans une de nos mémorables séances.

Pour apprendre aux races humaines le châtiment que méritent l'audace, la rébellion et l'impiété, l'antiquité feignoit de croire à la destinée d'Encelade. La justice et la bonté du Ciel ont réalisé cette fiction pour le repos et la consolation de la France. Dieu lui-même a replacé le trône des Bourbons sur le corps terrassé du géant révolutionnaire, du monstre de l'impiété, de l'anarchie et du despotisme. Releveroit-il la tête, si le système ministériel ne le protégeoit pas? Sans l'appui qu'il leur accorde, sans l'impunité dont il les couvre, le nombre de ses apôtres, de ses disciples, de ses satellites s'accroîtroit-il tous les jours? Le recrutement ne s'en fait-il pas à école ouverte? La douleur publique s'alarme d'un tel scandale; c'est aux amis de la monarchie à signaler le danger et à s'y préparer.

Mais, au lieu de ces sinistres pronostics, qui ne présentent aux yeux les moins clairvoyans que des scènes de deuil et des calamités, ouvrons nos cœurs à l'espérance d'un prochain et meilleur avenir. La destinée de la monarchie, celle de tous les gens de bien, celle de tous les Français est dans les mains de notre auguste Monarque ; il n'a dit qu'un seul mot, et l'espoir du salut et de la prospérité de la France est venu fortifier tous ceux qui ont eu le bonheur de l'entendre : « Vous » avez entendu mon cœur tout entier, a-t-il dit ; » et je ne dis pas j'espère, mais je suis sûr d'avoir » entendu tous les vôtres. » Oui, Sa Majesté a tout entendu, les acclamations des uns, et même le silence des autres.

Que disent en effet tous les cœurs, non pas ceux de ces hommes dont « les principes pernicieux, » sous le masque de la liberté, veulent attaquer » de nouveau l'ordre social, nous reconduire par » l'anarchie au pouvoir absolu, et dont le funeste » succès a coûté au monde tant de sang et tant de » larmes ? » Mais que disent tous les cœurs français? ils disoient autrefois, sous tous les bons princes, sous tous les Bourbons : « Ah! si le Roi » le savoit! » Car il n'y a que Dieu que les méchans ne trompent pas. Tous les gens de bien voient avec nous les dangers qui menacent la monarchie des Bourbons, cette paternelle monarchie qu'on voit mourir debout, qu'on voit mourir toute vivante ; tous les gens de bien redoutent ces dangers, mais les jugent comme les jugeoit M. le ministre de la police en 1815, *grands moins par le nombre des factieux, que par leur audace.*

La monarchie et la legitimité seront sauvées le jour où la bonté ne suspendra plus l'exercice de la puissance royale ; elles seront sauvées le jour où la bonté sera lassée de n'avoir produit que des ingrats, des ennemis et des conspirateurs. La bónté n'a pas valu un seul ami, n'a pas réconcilié un seul cœur pervers à la monarchie et à la légitimité. Où vous montreriez-vous, poignée de misérables, protecteurs, protégés, trésoriers, stipendiés, satellites, pamphlétaires, presque tous repris de la justice royale, si du haut de son trône, et sa Charte à la main, notre auguste Monarque, parlant en Roi, afin que vous le laissiez régner en père, vous disoit demain......

Quos ego......

VIRG.

SALABERRY, *Membre de la Chambre des Députés.*

(La suite incessamment.)

SUITE

DES DÉVELOPPEMENS

DES

PRINCIPES ROYALISTES.

(Deuxième article extrait du *Conservateur.*)

Nous adoptons entièrement les principes de la Charte constitutionnelle, la division des pouvoirs qu'elle a établis; nous en maintiendrons l'esprit, et nous entrerons dans les conséquences de ce système, comme le remplacement le plus raisonnable de nos anciennes institutions, libertés et franchises (1).

Un homme de monarchique mémoire (le comte de Rivarol) reprochoit, il y a vingt ans, à l'Europe, qui s'en est corrigée depuis, d'être restée en arrière d'une pensée, d'une année, d'une armée. Pour nous, Français, il est plus que temps encore de se réunir sous la bannière où sont écrits ces

---

(1) Voyez *Journal Général*, 25 *mars* 1816.

mots : *Le Roi, la Charte et les Honnêtes Gens.* Français, soumis comme nous à Dieu, à votre Roi, à sa Charte ; vous qui ne séparez pas ce qu'elle a réuni, Dieu, le Roi, la légitimité, rassurez-vous; le drapeau blanc flotte encore sur la demeure des Bourbons : Sa Majesté est encore aux Tuileries.

Etablissons les faits qui parlent aux yeux, aux cœurs, aux consciences, et qui, s'appuyant sur la vérité, n'ont pas besoin, comme les doctrines d'aujourd'hui, d'évoquer de l'enfer l'imposture, de soulever les passions, de flatter les vices pour les ramener aux forfaits.

En 1815, après les cent-jours, S. M. Louis XVIII est remontée sur le trône des Bourbons. Petit-fils d'Henri IV, il a daigné, dans sa bonté, rendre sa Charte à tous les Français ; car ceux qui l'avoient trahi la méritoient-ils encore?

« Dès l'époque où la plus criminelle des entre-
» prises, secondée de la plus inconcevable défec-
» tion, nous a contraint de quitter momentané-
» ment notre royaume, a dit Sa Majesté dans sa
» proclamation du 25 juin 1815, nous vous avons
» avertis des dangers qui vous menaçoient......
» Aujourd'hui que les puissans efforts de nos al-
» liés ont dissipé les satellites du tyran, nous nous
» hâtons de rentrer dans nos Etats pour y rétablir
» la constitution que nous avions donnée à la
» France ; réparer, par tous les moyens qui sont

» en notre pouvoir, les maux de la révolte et de » la guerre qui en a été la suite nécessaire; ré» compenser les bons, mettre à exécution les lois » existantes contre les coupables; enfin, pour ap» peler autour de notre trône paternel l'immense » majorité des Français dont la fidélité, le courage » et le dévouement ont porté de si douces conso» lations dans notre cœur. » (*Proclamation de Cateau-Cambrésis.*)

Animée des mêmes sentimens que leur Roi, cette immense majorité des Français a vu avec enthousiasme et reconnoissance le monarque assembler les colléges électoraux, et envoyer pour les présider tout ce que la France monarchique avoit de plus illustre et de plus fidèle. L'opinion monarchique qui existe dans l'*immense majorité des Français dont la fidélité, le courage et le dévouement ont porté de si douces consolations dans le cœur de Sa Majesté;* l'opinion monarchique, protégée à cette époque de la bonne foi, de la justice et du bon sens, proclama députés presque généralement ceux qui avoient, depuis le 20 mars, bien mérité du Roi, et par conséquent de la patrie. Ce fut à leur serment que le Roi présenta avec confiance *cette Charte, qu'il a méditée avec soin avant de la donner; cette Charte à laquelle la réflexion l'attache chaque jour davantage; cette Charte qu'il a juré de maintenir, et qui, comme toutes les institutions humaines, est susceptible de perfectionnement.* (Discours du Roi, séance royale, 7 décembre 1815.)

Ce n'est point aux hommes qui, autorisés par Sa Majesté elle-même à changer quatorze articles de sa loi, se sont à peine cru permis d'en reviser seulement trois; ce n'est point à ces hommes que la France reprochera toutes les infractions que le ministère a proposées avec un déplorable succès depuis la réduction du nombre des députés qu'une ordonnance n'avoit pas le droit de décider après la mise en activité de la loi royale, jusqu'à cette loi des élections, jusqu'à cette loi dite *de recrutement;* lois auxquelles l'attachement réfléchi à la Charte et au Roi faisoit un devoir de résister, puisqu'une seule suffiroit, ce qu'à Dieu ne plaise, pour que la monarchie légitime succombât.

Oui, nous voulons la Charte, et nous en maintiendrons l'esprit; nous la voulons, comme l'a voulue le monarque bienfaiteur qui nous l'a octroyée; nous la voulons avec toutes ses conséquences. Mais ne devons-nous pas repousser avec horreur, avec indignation, toute application de ces principes pernicieux, de ces principes ministériels qui ne tendent qu'à livrer la Charte, la monarchie légitime et la France à l'ochlocratie et à la révolution, monstres qui ont l'habitude de ne se nourrir que de cadavres, et de n'aimer que les dépouilles, les incendies, les massacres et les échafauds ?

Nous voulons la Charte, parce qu'elle offre le remplacement le plus raisonnable de nos anciennes institutions, libertés et franchises : nous voulons la Charte, parce qu'elle assure à la religion son culte, à la monarchie légitime la stabilité, aux Français leurs droits constitutionnels, à la France le repos ; enfin, parce qu'elle accomplit toutes les conditions de la félicité publique aux yeux de l'homme de bien.

Oui, nous voulons la Charte royale; mais est-ce bien elle que veulent ses nouveaux adorateurs, qui ne la nomment, avec intention, que la Charte constitutionnelle, afin de séparer le bienfaiteur du bienfait? Veut-il la Charte et la monarchie, ce ministère protecteur du système qu'on ose dire royal, quand, loin de se borner, selon sa Charte, à protéger, avec une égale prévoyance, les intérêts créés par une révolution et les intérêts monarchiques, il emploie le pouvoir qui lui est confié pour soutenir la monarchie, à ne protéger que les doctrines, et à ne maintenir que les intérêts révolutionnaires? Et quel appui la monarchie et la Charte peuvent-elles attendre de ce système qui, bâtard de la vieille révolution, vil esclave quatorze ans sous le plus dur des maîtres, n'est qu'un nain qui se croit géant parce qu'il a les pieds d'argile du colosse mystérieux, et qu'il joint l'orgueil de sa mère à la bassesse d'un ilote chez qui la servitude est devenue une seconde nature?

Jusques à quand le système ministériel présentera-t-il à la France; jusques à quand présentera-t-il à Sa Majesté elle-même, comme les amis de la Charte, une poignée de fourbes dont le seul but est de la renverser, moins encore à leur profit qu'à notre ruine? Tantôt c'est la lettre qu'ils effacent, tantôt c'est l'esprit qu'ils altèrent; et quand sous leurs efforts les tables de la loi royale n'offriront plus de caractères, les hommes de trois couleurs, unis aux *forts esprits*, viendront y lithographier la reprise des saturnales de la république française, ou du moins le triomphe de la *légitimation* sur la *légitimité*.

Voilà ce que veulent les amis de la Charte, écoliers de Machiavel, qui répètent qu'il y a deux sortes de consciences : l'une d'Etat, « qu'on accommode à la nécessité des affaires publiques ; » l'autre à nos actions privées : ces hommes, qui » enseignent avec diplôme, que la réputation de » probité peut bien être un moyen de parvenir, » mais que la probité même est un obstacle; qu'il » faut amuser les enfans avec des dragées, et les » hommes avec des parjures. »

Voilà ce que veut ce personnage, qui dit *doctrinairement :* Je n'appartiens qu'à moi; et qui mérite qu'on lui réponde, avec Henri IV : « Mon » ami, vous avez là un sot maître. » Voilà ce que veut ce personnage, qui *menace d'user de son indépendance pour porter sa soumission ailleurs, à moins que l'autorité royale ne se coalise avec lui.*

Enfin c'est là ce que veulent ces spéculatifs que Balzac appelle des hérétiques d'Etat, qui s'efforcent de faire, dans la politique, ce qu'Origène a fait dans la religion (Aristippe, n° 145). Eh! qu'ils se souviennent donc que Frédéric-le-Grand, et celui-là se connoissoit en hommes, disoit de leurs maîtres eux-mêmes : « Si j'avois une province à punir, » j'enverrois des philosophes pour la gouverner. » Et Frédéric ne parloit pas d'un royaume. Insensés! votre monarque a pu dire : « Voilà ma loi. » Il ne vous appartient pas d'interpréter l'esprit de la loi royale. Celui qui a compris le sens de la Charte, celui qui a exprimé le vœu de la France, celui qui a prononcé votre jugement, c'est le véritable ministre de votre Roi, c'est le président du conseil de ses ministres, c'est le duc de Richelieu, quand il a dit à la tribune nationale, selon l'esprit et la lettre de l'art. 3 de la Charte : « Tous les » Français seront rassurés quand ils verront dé» sormais les emplois publics confiés à des hommes » éprouvés par leur intégrité, leurs lumières, et » surtout leur dévouement au Roi et à la patrie. » (Loi d'amnistie, 8 décembre 1815.)

Prétendus amis de la Charte, ces caractères, ces conditions inséparables, qui seuls peuvent rassurer tous les Français, les trouve-t-on aujourd'hui dans vous-mêmes, dans vos auxiliaires, à qui vous distribuez toutes celles des fonctions salariées que vous ne vous réservez pas ? Dans l'intérêt de la monarchie, dans l'esprit de la Charte, vous savez mieux que tous autres où se trouvoient, où se retrouveront ces caractères et ces conditions. Vous pouvez tromper votre Roi ; c'est l'attribution des méchans dans ce monde où le génie du mal peut obtenir des succès, et ne les obtient heureusement que passagers ; mais c'est le Roi lui-même qui a dit : « Nous rentrons dans nos Etats pour ré-
» compenser les bons, et pour appeler autour de
» notre trône paternel l'immense majorité des
» Français dont la fidélité, le courage et le dé-
» vouement ont porté de si douces consolations
» dans notre cœur. »

Et c'est ainsi que vous osez tromper les intentions, trahir la justice, la reconnoissance du monarque ! Vous l'avez osé, vous l'osez tous les jours sans pudeur, parce que vous l'avez osé sans châtiment.

Monarchie des fils de saint Louis, attendrez-vous, pour voir vos dangers, que vos ennemis aient lassé votre patience ? Et ne voyez-vous pas que votre patience fait seule leur force, par leur impunité? L'axiome ministériel est aujourd'hui que *la fidélité présente n'a plus besoin de la garantie du temps :* et n'avez-vous pas cru, en 1814, à la fidélité présente? Les trahisons du 20 mars vous ont répondu. Certes, la retraite forcée du Monarque légitime, les désastres d'une seconde invasion, des flots de sang humain versé de nouveau, plus d'un milliard payé aux étrangers, ont signalé aux générations à venir les dangers de cette fausse maxime, adoptée par la politique ministérielle la plus inhabile et la plus imprévoyante, ce n'est pas de celle-là que je dirai la plus criminelle, car je ne le pense point. Le même aveuglement amèneroit de plus grands malheurs : la monarchie a résisté miraculeusement, en 1815, à une première crise; fatiguée depuis par une si lente convalescence, elle ne résistera pas à une rechute.

Gens de bien, qui doutez encore, interrogez les signes précurseurs : ministre, je vois qui tu places; je ne te demande plus qui tu es. Eh! ne voyons-nous pas chassés des fonctions publiques, civiles, militaires, administratives, judiciaires; ne voyons-nous pas dépouillés de l'influence et de l'autorité presque tous les malheureux que la révolution a faits, presque tous ceux dont le Roi avoit récompensé la constance et les vertus unies à la capacité. Par qui ce système, qui ne devroit être qu'ami du Roi, de la Charte et de la France, croit-il utile de les remplacer? Qui donne-t-il, dans les conseils, dans les armées, dans les fonctions, dans les provinces, dans la capitale, pour soutiens au trône légitime et à la Charte? *Le Moniteur* consacre leurs noms jour par jour. Déjà le système ministériel exige *qu'on fasse ses preuves d'indifférence en matière de gouvernement:* et de même qu'en 93 on demandoit aux candidats : « Qu'as-tu fait pour la révolution? » Encore quelques semaines, et les étranges amis de la Charte et du Roi demanderont à chaque postulant : « Qu'as-tu fait contre les Bourbons? »

Protecteurs, protégés du système ministériel, c'est à vous-mêmes que je m'adresse! Accuserez-vous le soleil d'imposture, et nierez-vous l'évidence du jour? *La vérité, qui doit durer plus que le temps, et se conserver au milieu des ruines du monde* (Socrate chrét., pag. 299, Balzac), la vérité n'est pas réduite, en France, à ne se confier qu'aux roseaux. Tous les cœurs droits l'entendent, toutes les bouches pures la proclament, les pierres même du palais de notre Roi la crient; les vrais amis de la Charte ont tous pour cri de paix et d'union : « Dieu et le Roi, le Roi légitime et sa » dynastie. » Les hypocrites amis de la Charte prononcent avec emphase les seuls mots révolutionnaires *nation*, *patrie*. Le Roi légitime leur est aussi étranger que leur Dieu. A ce cri religieux et français, *Dieu et le Roi*, à ce cri fraternel et pacifique de la race d'Abel, les enfans de Caïn répondent par ce cri de guerre des meurtriers du 2 septembre : *A bas les nobles, à bas les prêtres ;* et le mot d'ordre de ces amis de la Charte et du Roi n'est que leur vœu parricide et impie *irréligion, illégitimité.*

Ministre aujourd'hui tout puissant, voilà le système que vous protégez ; voilà son arrière-pensée, dont le triomphe douteux couronneroit les erreurs de votre orgueil, les faux calculs de votre ambition : voilà les hommes qui vous aiment. Une voix, qui prétend n'être pas suspecte, a eu le courage de dire que ceux-là étoient bien dignes de vous consoler de ceux qui vous haïssent. Convoquez, pour votre instruction, *l'immense majorité des Français dont la fidélité, le courage et le dévouement ont porté de si douces consolations dans le cœur de Sa Majesté :* convoquez *l'immense majorité de ces hommes que leur Roi a appelés autour de son trône paternel*, et que vous ne craignez pas d'en repousser, vous compterez ceux qui vous aiment ou ceux qui vous haïssent. L'Europe apprendra si c'est à l'avantage du flatteur et du flatté que l'épreuve s'achevera pour tous les deux.

Jeune et imprévoyant ministre, voulez-vous être aimé, respecté, suivi par cette immense majorité que le Roi a nommée ses Français, aimez, respectez, suivez vous-même la Charte royale qu'ils se font un devoir d'aimer, de respecter et de suivre. Dans l'ivresse de la puissance, vous semblez les braver, et leur dire comme le régent : *Eh! que pouvez-vous faire?* Ne vous étonnez donc pas qu'ils vous répondent avec les Bretons : *Monseigneur, obéir et haïr.*

SALABERRY, *Membre de la Chambre des Députés.*

IMPRIMERIE DE LE NORMANT, RUE DE SEINE.

SUITE

DES DÉVELOPPEMENS

DES

PRINCIPES ROYALISTES.

(Troisième article extrait du *Conservateur*.)

Nous ne jetons un regard sur le passé que pour y puiser des leçons pour l'avenir, et nous voulons placer entre l'un et l'autre un mur d'airain. Ainsi nous entendons que tous les intérêts créés par la révolution, qui sont finis, soient irrévocablement assurés. Nous maintiendrons l'abolition des privilèges et des ordres privilégiés, comme corps politiques, l'égalité des droits, et l'admission dans tous les emplois, la liberté des cultes, l'aliénation des propriétés, opérée dans le cours de la révolution, quelle que soit leur origine; mais nous n'admettons plus dans l'avenir l'application des principes qui ont créé ces intérêts, et nous les regardons comme destructeurs de tout gouvernement (1).

---

(1) Voyez le *Journal Général*, 25 mars 1816.

Ces lignes ne renferment-elles donc pas en faveur de la révolution tous les sentimens pacifiques et généreux que la religion, le bon sens et le besoin du repos peuvent inspirer humainement à des cœurs droits, à des esprits justes, à des Français instruits par trente ans de malheurs? Voilà tout ce que vouloient ces hommes, l'élite et l'honneur de la France; voilà tout ce que vouloit cette Chambre, que Sa Majesté a caractérisée à jamais dans l'histoire; voilà ce que veulent, ce que voudront toujours les débris de cette phalange française de 1815, quelque acharnement, quelque fourberie, quelque manœuvre que le système ministériel et révolutionnaire coalisés emploie pour les décimer annuellement.

C'étoient là les mobiles généreux qui faisoient répondre spontanément cette Chambre *introuvable* à toute pensée qui avertissoit l'élévation de ses âmes, son ardent amour pour le bien public, et la monarchie légitime qui en est l'auguste garantie. C'étoient là les chefs de file de cette phalange, dont un de nos modernes gens d'Etat demandoit si naïvement les noms : « Vous ne pouvez pas les » connoître, lui répondit un homme de bien ; » nos chefs de file ne s'appellent pas des doctrines, » ils s'appellent des principes. » Sous la prétendue *terreur de* 1815, les révolutionnaires voyoient avec désespoir la monarchie légitime, appuyée sur l'amour et la confiance des Français, au moment de devoir son salut à la restauration de la religion, des institutions monarchiques, au rétablissement des bonnes lois et des bonnes mœurs; enfin, à l'accomplissement des intentions paternelles qu'avoit exprimées Sa Majesté dans la séance royale du 7 octobre 1815, quand elle avoit dit : « Faire » refleurir la religion, épurer les mœurs, fonder » la liberté sur le respect des lois, guérir les » blessures qui n'ont que trop déchiré le sein » de la patrie, assurer la tranquillité intérieure, » voilà où doivent tendre tous nos efforts. »

Tous les vœux de ces hommes que les révolutionnaires appellent aujourd'hui *les terroristes de* 1815, répondoient aux vœux de Sa Majesté. Tous nos cœurs répondoient au sien; car les gens de bien qui composoient la majeure partie de la minorité de cette Chambre, avoient les mêmes principes religieux, monarchiques et français; le mode d'application de ces principes vint seul établir une différence dans les opinions, mais non pas dans les intentions; et n'est-ce donc pas cette conscience, n'est-ce donc pas ce lien secret qui a perpétué parmi nous la réciprocité d'estime et de bienveillance qui nous honore également?

Nous voulions tous ne jeter un regard sur le passé que pour y puiser des leçons pour l'avenir : nous voulions tous placer un mur d'airain entre le passé et l'avenir, entre la révolution et le trône des fils de saint Louis. *Nous entendions, avec tous les gens de bien, que les intérêts créés par la révolution, qui sont finis, fussent irrévocablement assurés ; mais, comme eux, nous n'admettions plus dans l'avenir l'application des principes qui ont créé ces intérêts, et nous les regardions comme destructeurs de tout gouvernement.*

Des intentions aussi louables furent secondées par l'opinion de toute la France : j'en atteste les témoignages non suspects des conseils généraux, des conseils d'arrondissement de nos départemens, qui tous nous ont adressé des éloges et des remercîmens, bien moins sans doute en faveur de ce que nous avions fait, qu'en faveur de ce que nous avions montré la résolution de faire pour notre Dieu, notre Roi et notre chère patrie. La cause de la révolution étoit jugée ; celle de la religion et de la monarchie étoit à jamais triomphante. Mais les révolutionnaires avoient partout, dans le gouvernement, des protecteurs et des complices. Tout ce qu'il y a d'hommes pervers en France fut averti de ne pas désespérer. La ligue contre le bien public se forma dans l'absence des lois à faire et dans le silence des lois faites ; et c'est du sein même du ministère que partit le décret télégraphique pour que la révolution continuât. Le jeune système ministériel et la vieille révolution s'unirent sous les yeux de la crédulité trompée, qui ne voulut rien voir. La révolution n'est pas comme la monarchie; elle ne croit pas sur parole. Le système, son fédéré, lui donna tout ce qu'il avoit de gages disponibles. De peur que les révolutionnaires ne prissent pour un manquement de foi la loi du 28 octobre, le système la fit suivre immédiatement d'une circulaire, qui acquit par sa publicité un caractère éminemment fraternel. La calamité de la mort du maréchal Ney n'affecta point les révolutionnaires : la révolution, le système et l'armée ne faisoient pas cause commune; mais le 21 décembre, M. de la Valette, personnage civil, trouva, dit-on, le moyen de s'évader de la Conciergerie. Toutes les classes révolutionnaires ont fait hommage au système de cette marque incontestable d'amitié. Cette première campagne de la coalition fut terminée par l'ordonnance du 5 septembre. La Chambre que la France avoit proclamée *introuvable*, d'après les paroles de Sa Majesté, fut dissoute. Incontinent, le système sourit *à ces hommes étrangers aux remords, que le pardon ne peut attendrir, que la clémence offense* (loi sur la liberté individuelle). Le même ministre qui les avoit foudroyés en paroles le 18 octobre, s'empressa de lever leur surveillance, et de les envoyer, quel que fût l'éloignement, exercer leurs droits politiques, dans leurs domiciles respectifs. Il faut dire, à la louange de ces hommes, qu'ils s'étonnèrent d'une protection et d'une bienveillance si inespérées. L'inconséquence et le scandale de cette mesure ne s'expliquent que par le coupable intérêt que la révolution et le système unis avoient à ne pas revoir face à face des gens de bien qui ne connoissoient qu'un Dieu, qu'un Roi, qu'une conscience et qu'un drapeau.

Les intérêts de la monarchie sont ceux de la France et de l'Europe, sont ceux de l'ordre social tout entier : aucun homme paisible, aucun homme honnête n'en doute. Tous les élémens du désordre, qu'on appelle intérêts révolutionnaires, sont incompatibles avec la sûreté, l'affermissement, l'existence du trône légitime. La coalition gouvernante et dirigeante ne l'a jamais ignoré ; car elle est plus perfide encore qu'elle n'est inepte.

Loin de laisser s'élever le mur d'airain que la Charte avoit posé entre la révolution et le trône, les coalisés ont tiré le vieux char de la liberté des hangards où il pourissoit oublié ; ils l'ont repavoisé de ses odieuses couleurs. Ce char, armé de faulx, tout restauré, tout attelé, tout monté de conducteurs et de sagittaires, semble n'attendre plus que le signal à l'entrée de la nouvelle voie Appienne, dite aujourd'hui voie Libérale ; mais ce ne sont que des ambitieux sans génie, des doctrinaires sans principes, des philosophes de l'école de Danton, qui ont rouvert cette voie qui n'aboutit qu'à des ruines; ils l'ont rouverte de leurs mains: comme leurs devanciers de 93, ils la repaveroient de leurs têtes! Qu'ils y pensent! les yeux se dessillent, les masques tombent, les charlatans sont exposés à tous les regards sur les tréteaux qu'ils relèvent: la France, la monarchie, l'Europe, en les apercevant enfin depuis qu'ils se haussent sur leurs pieds, commencent à s'étonner et à s'indigner de voir quels sont et combien sont ces fiers paladins de la liberté et de la sapience, qui n'ont rien moins que juré de préluder par les Bourbons à l'arrêt sans appel qu'ils ont porté contre toutes les têtes couronnées légitimement. Voilà les champions payés des intérêts révolutionnaires; mais ils ne veulent que des dépouilles; ils ne veulent pas de sang; et leur manifeste tout libéral avertit les soutiens de la monarchie *que les horreurs et les atrocités ne sont nées* et ne renaîtront *que des résistances*.

Pendant le temps qu'a duré ce que les révolutionnaires appellent la *terreur de* 1815, la lutte entre la révolution et le trône, entre le génie du bien et le génie du mal, n'entroit plus dans les craintes d'une nation trente ans malheureuse, désormais lasse et détrompée. Nous avertissions cependant, dès cette époque, et la monarchie et les gens de bien que le feu n'étoit pas éteint, et qu'il couvoit caché sous des cendres toujours brûlantes; nous disions qu'un révolutionnaire ne sait respecter que ce qu'il craint. On ne nous croyoit pas; il étoit encore trop tôt. Que la monarchie et les gens de bien croient donc aujourd'hui; car il est bien tard. Ce qu'on appelle un philosophe, M. le marquis de Condorcet, auteur d'une de nos constitutions, disoit en mourant: « Il m'a fallu une » révolution pour connoître les hommes. » Princes et sujets, pour connoître les hommes, est-il écrit là haut qu'il ne vous faut pas moins que trois révolutions? L'expérience seroit donc, comme la justice, une si belle chose, a dit un de nos Aristophanes, qu'on ne peut pas la payer trop cher.

Les hommes les meilleurs ne croient pas ceux qui prophétisent les malheurs. Il est dans le cœur humain d'aimer mieux espérer que craindre. Nous prophétisons depuis trois ans avec aussi peu de succès que la fille de Priam. La France et l'Europe croient aujourd'hui aux dangers de la monarchie : les événemens commencent. Le siége n'est plus un blocus; les opérations souterraines sont achevées, et c'est en plein jour que le sapeur révolutionnaire abat le mur d'airain, pour que la révolution continue sa marche sans obstacle et de plain pied.

Que ces habiles se souviennent donc d'une maxime qui a le droit de concourir avec les idées libérales; elle est d'une date plus ancienne : « Il » faut considérer avant d'agir, a dit Balthazar » Gracian, qu'on vous regarde ou qu'on vous re- » gardera ; il faut savoir que tout se saura ; que » les parois écoutent, et que les mauvaises ac- » tions creveroient plutôt que de ne pas sortir. » (Max. 297). Les parois ont écouté, les mauvaises actions sont sorties : tout est entendu, tout est connu, tout est vu : les faits accusateurs vont parler.

La Charte a destiné les lois pour servir tous les intérêts en France, et ce n'est que pour fouler aux pieds les intérêts de la monarchie, et faire triompher ceux de la révolution, son irréconciliable ennemie, que des perfides ont journellement abusé depuis trois ans de l'exécution des lois.

D'abord, pour désarmer moralement les amis du Roi et de la monarchie, *leurs communs ennemis* ont mis en avant le nom sacré de Sa Majesté, et n'ont pas craint d'établir et d'avancer qu'un ministre qui parloit, n'étoit rien moins que le souverain lui-même. Ils savoient cependant, comme nous, et les conditions du gouvernement représentatif, et les propres expressions de l'art. 13 de la loi royale. Mais, pour arriver à tromper le monarque, il falloit commencer par tromper ses fidèles sujets. Ainsi, l'on a rendu suspecte la voix des hommes qui portoient le plus d'amour, d'obéissance et de respect à leur Dieu, à leur Roi, à leur pays. Ce n'étoit point assez de rendre la voix de la vérité suspecte, les intérêts révolutionnaires demandoient une loi pour l'étouffer. La presse a donc été armée contre les principes religieux et monarchiques, et l'article 27 de la loi, devenu lui-même la véritable loi voulue, a garanti que les journaux alloient tous s'ouvrir pour l'attaque, et se fermer pour la défense. Cependant la France n'avoit pas dû oublier que le chef de la dynastie des ministres de la police générale avoit demandé à Buonaparte la dictature des journaux : « Non, » répondit le tout-puissant, il y auroit bientôt » deux empereurs en France. » En effet, grâce à la loi combinée de la liberté de la presse et des journaux, une puissance ensevelie sortit de terre à l'opposite du trône, et la révolution, la visière levée, est venue jeter le gant à la monarchie.

Dès lors on a vu sous le règne d'un Bourbon, sous le règne du Roi très-chrétien, ce que pendant quatorze ans on n'avoit pas eu du moins la douleur et le scandale de voir sous l'usurpateur lui-même.

On a vu publié, imprimé, répandu avec profusion tout ce que la haine, la vénalité, l'impudence, l'immoralité, la bassesse pouvoient non pas inventer, mais répéter d'impie, de séditieux, d'absurde, de dégoûtant, de calomnieux contre la religion, l'autorité légitime, les mœurs, le bon ordre, et les gens de bien qui en suivent les pratiques; tout ce que l'imagination effrayée peut offrir d'alarmant à l'homme sage, qui ne veut pas que le frein soit ôté à toutes les passions; en France, hors de France, tous les mensonges, les blasphêmes, les outrages ont été commandés, soudoyés : n'eussent-ils été que tolérés, n'étoit-ce pas être complice du crime, que de ne l'avoir pas empêché, quand on avoit demandé et obtenu de la crédulité publique la puissance du bien et du mal, en promettant pour garantie contre tout abus *sa responsabilité morale?*

La certitude de l'impunité suffisoit au monstre révolutionnaire pour l'encourager à se relever : mais il lui fallut bien d'autres garanties pour lui redonner l'audace d'attaquer la monarchie corps à corps. Le système ministériel ne lui en a refusé aucune. Les intérêts révolutionnaires avoient besoin que la fermeté devînt crime, la vérité une erreur, la fidélité une duperie; que le serment ne fût qu'une formule, et que l'honneur se réduisît au mépris des périls. Il falloit effacer tous les souvenirs, calomnier tous les exemples, mettre en question tous les devoirs, en pratique tous les attentats, et faire reconnoître au succès le privilége de tout justifier : il falloit enfin renverser toutes les idées reçues du juste et de l'injuste, changer les principes immuables en doctrines élastiques qui se prêtent à tous les événemens. L'alliance impie du système ministériel et de la révolution ne connoît pas d'obstacles : il semble avoir dit à sa compagne, le jour de l'union : « Si » c'est possible, c'est fait; si c'est impossible, cela » se fera. » Le vice a sa vertu, car le système a tenu parole. J'en atteste cet acte adulateur et anti-monarchique, puisqu'il reconnoît le gouvernement de fait; cet acte honteux, puisqu'il n'a paru dans le *Bulletin des Lois* que deux mois après son existence; cet acte dont l'armée des cent-jours a dû être indignée elle-même; car, je le répète, ce n'est pas l'armée qui a trahi, elle a été entraînée par quelques-uns de ses chefs; cet acte enfin qui n'a pas de nom, mais qui a bien son motif, et qui annule « les jugemens rendus pendant les trois » mois de l'usurpation contre les militaires qui, » fidèles à leurs sermens, se sont rendus près de » Sa Majesté, et lui ont offert leurs services » militaires qu'il est juste, dit-on, de mettre à » l'abri de toute recherche et de toute inquiétude » pour l'avenir à raison d'un fait, qui, bien que » contraire à la lettre des réglemens, ne peut » qu'être honorable pour eux; militaires qu'on » reconnoît avoir encouru la désertion, ayant » quitté leurs corps pour embrasser la cause de

» leur Roi légitime et pour se réunir à son dra-
» peau. »

Mais ce n'étoit encore là que mettre le devoir en question. La révolution a exigé davantage de la complaisance du système : il est dirigé par des lettrés qui ont lu qu'Oxenstiern disoit à son fils : « Tu ne sais donc pas combien le monde est facile » à gouverner? » Il en a conclu que, pour conduire les hommes, il lui suffisoit de les mépriser en les jugeant d'après lui-même. Aussi ne s'est-il occupé, depuis trois ans, qu'à offrir le honteux calcul de l'ambition, de l'égoïsme et de l'intérêt pécuniaire, à tous ceux qui ont l'imprudence de l'approcher avant de s'être reconnu une indépendance à toute épreuve. Le machiavélisme corrupteur de ces hommes dont le cœur est sec, dont l'esprit est petit, et dont l'âme est foible, s'efforce de prouver chaque jour, au profit de la révolution qu'ils servent, qu'il y a tout à gagner à être l'ennemi du Roi, et tout à perdre à se montrer fidèle. Ils savent très-bien qu'à Grenoble, qu'à Lyon, toutes les autorités civiles et militaires ont rempli leurs devoirs; et quel autre pouvoir que le pouvoir suprême a donc dit ces mots solennels : « Justice prompte et sévère? » Mais il falloit calomnier, persécuter les généraux dévoués; il falloit les punir pour l'exemple. La justice et la reconnoissance royales venoient d'assurer qu'en toutes occasions les commandans, les tribunaux imiteroient l'exemple de ceux de Grenoble et de ceux de Lyon : c'en étoit fait de la révolution. « Le foible, comme disoit M. le ministre de la » police en 1815, auroit été rassuré : il seroit venu » avec confiance sous l'égide d'un gouvernement » fort, en qui il auroit vu la volonté et le pou- » voir de le protéger et de le défendre, de se pro- » téger et de se défendre soi-même. Celui qui ne » fut qu'entraîné, qu'ont pu égarer ces fausses » doctrines, ces illusions fatales qui ne placent la » liberté que dans l'anarchie, la gloire que dans » les ravages, la dévastation, le sang et les larmes, » ramené par une salutaire crainte, se seroit arrêté » sur le bord de l'abîme vers lequel on le préci- » pite, et il n'auroit pas tardé à bénir le pouvoir » qu'un moment il auroit pu redouter. » C'est ainsi que parloit lui-même M. le ministre de la police générale, le 18 octobre 1815. Alors c'en étoit fait de la révolution; la monarchie légitime, appuyée par la Charte, s'affermissoit sur ses bases paternelles : mais le système ministériel n'a pas été inventé pour sauver la monarchie.

La plus scandaleuse, la plus manifeste de toutes les preuves de l'alliance entre lui et la révolution, c'est celle dont toute la France vient d'être le témoin, et qu'elle a peine à croire encore. Je parle ici du ministre violateur de la loi qui a chassé solennellement les régicides relaps. Ce n'étoit pas assez pour lui d'avoir compromis l'autorité royale, en surprenant une ordonnance clandestine à la religion du monarque ; d'avoir détruit, par une ordonnance, une loi devenue loi de l'Etat : ce ministre, simple membre d'un ministère que Sa Majesté a déclaré un et solidaire, ose induire notre Roi à approuver un rapport fallacieux, qu'il appelle l'exécution de l'art. 7 de la loi du 12 janvier 1816; c'est-à-dire, approuver la violation de la loi contre les régicides toute entière ; et, pour mieux prendre acte que la plénitude de la puissance réside spécialement dans sa personne, ce ministre, dont le pouvoir est connu, mais dont le titre est à connoître, donnera, dit-il, après l'approbation royale, connoissance du rapport à ses collègues. Quoique la loi de la responsabilité ministérielle soit à faire, il est permis de demander si un ministre a le droit individuel de lier et de délier en France. Il est permis de demander, sous un monarque du sang d'Henri IV et de Louis XIV, sous un monarque qui connoît ses droits comme ses sujets connoissent sa bonté ; il est permis de demander si, dans son aveugle ambition, ce ministre auroit la démence de vouloir rétablir en lui les maires du palais. Rassurez-vous, hommes de peu de foi ; la mesure se comble, mais le Roi règne ; la Charte nous gouverne avec lui : Si ce ministre a des flatteurs, notre monarque a des serviteurs fidèles; et, pour le Roi, la France et la Charte, *la tribune ne restera pas silencieuse*, suivant les paroles de M. le ministre, et contre lui-même.

Sans doute la révolution a une soif d'hydropique pour les garanties : il n'en reste plus qu'une à lui donner; sans celle-là, elle ne croira jamais pouvoir jouir de toutes les autres. Mais cette garantie ne peut être demandée que par la révolution en personne; cette garantie, cette dernière garantie, celle qui confirmera toutes les autres, c'est le trône des Bourbons, le trône vivant, la place de notre Roi lui-même. Sujets fidèles, ne redoutez donc rien du combat de la révolution contre la monarchie : les forces de *nos communs ennemis* ne répondent point à leurs vastes desseins. Ils ne veulent pas du mur d'airain que la Charte élevoit généreusement entre eux et vous : ils ne veulent ni mur d'airain entre la révolution et le trône, ni Rhin, ni Alpes, ni Pyrénées entre l'Europe et eux : à les entendre, l'Océan lui-même ne les empêchera pas de révolutionner, de *libéraliser* l'univers.

Sont-ils donc si formidables ces hommes de révolutions, à qui le seul système ministériel a rendu le souffle et redonné l'existence? En voulez-vous la preuve? Des paroles monarchiques son sorties de la bouche la plus auguste, à la séance royale du 4 décembre, la révolution a pâli : des présages monarchiques ont apparu, il y a six semaines, la révolution a tremblé.

Anciens ou nouveaux serviteurs de la monarchie, vous qui avez subi glorieusement l'épreuve des cent-jours, et qui n'avez pas chancelé depuis : vous aussi qui avez reconnu vos erreurs, et qui professez les seuls principes qui soient monarchiques, vous êtes calomniés, attaqués, repoussés, chassés des emplois; vous vous gardez bien de vous plaindre. *Nos communs ennemis* ne parlent, n'écrivent, n'ordonnent, n'agissent que pour vous arracher une plainte. Les vrais Français ont dit long-temps : *Servir et souffrir*. Les ennemis communs qui commandent pour un jour, vous ordonnent de renoncer à servir : leur puissance s'arrête là; elle ne sauroit vous empêcher de dire : *Souffrir et attendre*.

C'est la justice de votre cause, c'est votre constance, c'est votre courage qu'ils ne vous pardonnent pas, qu'ils ne vous pardonneroient jamais. Vrais amis de la religion, de la monarchie et de la Charte, votre plus bel éloge est sorti de la bouche d'un de vos ennemis.

Cette puissance du jour, alors en expectative, disoit de vous : « Parlez-moi de ces gens-là : depuis » deux ans on les bat toujours, ils ne perdent

» pas un homme; c'est la première fois que l'on
» a vu cela en France. »

C'est qu'il n'est pas vrai que l'esprit révolutionnaire soit dans la France : il n'y est plus que dans ces jongleurs qui trompent le monarque, et ne trompent plus que lui. Il n'y est plus que dans ces hommes qui empoisonnent de leurs calomnies l'atmosphère où le trône est placé; il n'est plus que dans ces hommes qui garrottent, accablent, étouffent la monarchie, en lui disant, comme les bourreaux à dom Carlos : *Prince, c'est pour votre bien.*

Suite du Développement des Principes royalistes au 20 janvier 1816.

(Quatrième article extrait du *Conservateur.*)

Nous pensons que les nouvelles institutions doivent être replacées sur les anciennes bases de la religion et de la morale : c'est ainsi que nous voulons donner au clergé une honorable indépendance, l'administration des biens ou des revenus qui peuvent la lui assurer ; enfin une existence civile, et en même temps l'associer aux intérêts les plus chers de l'Etat, en lui faisant prendre part à l'éducation publique et à l'administration des établissemens consacrés au soulagement et au bien de l'humanité (1).

Dieu, l'éternelle justice, et les rois, la justice humaine, règnent ensemble : l'autel et le trône sont élevés à côté l'un de l'autre pour le bonheur des sujets et la tranquillité des Etats. L'âge des institutions ne fait rien à leur solidité, pourvu qu'elles aient la religion pour base. Sans elle, tout est humain et éphémère ; avec elle tout est durable, parce que tout ce qu'elle appuie participe à ce

(1) Voyez le *Journal Général*, 25 mars 1816.

qu'elle a de divin. Les ennemis du trône commencent toujours par l'isoler, par le séparer de l'autel, bien sûrs ensuite qu'une puissance qui n'est plus qu'humaine peut être renversée par des efforts humains.

Il est bon de parler aux yeux, et voici une gravure faite en 1767 : la lithographie religieuse et royale la réimprimeroit avec fruit en la dédiant aux souverains.

« Au milieu d'un vaste globe, représentant » l'Univers, s'élève une colonne sur le fût de la-» quelle on lit ces grands mots : *Omnis potestas* » *à Deo*. Au bas de la colonne, à l'Orient, est un » autel de marbre blanc sur lequel il y a trois » encensoirs d'or fumans. A l'Occident est un » trône de bronze où l'on remarque une épée et » un sceptre d'acier en sautoir. Aux volutes du » chapiteau, du côté de l'autel, sont suspendues » des mitres, des tiares, des bandelettes, les unes » blanches, les autres rouges : du côté du trône, » des couronnes, des cordons et des diadèmes » étincelans de pierreries. Une figure gigantesque » et aveugle représente la sophimanie, foulant » d'un pied le trône, et de l'autre l'autel; serrant » d'un bras la colonne, et levant l'autre pour en-» lever les glorieux symboles attachés au chapi-» teau; mais les mouvemens de sa main dans l'air » semblent ébranler une nuée grosse de foudres

» qui repose au-dessus de la colonne, et menace
» d'éclater. Vers la base, le luxe et l'avarice ex-
» citent une troupe de nains informes à creuser
» indifféremment sous le trône et sous l'autel,
» avec des instrumens d'agriculture et de divers
» métiers, pour découvrir une mine d'argent dans
» laquelle on les voit s'enterrer tout vifs, et sur
» le point d'être engloutis par un gouffre de feu
» qui termine la gravure. A droite et à gauche,
» plusieurs groupes de spectateurs paroissent s'a-
» giter beaucoup, et attendre tous un grand évé-
» nement. » (*Variétés d'un Philosophe provincial*, chap. XVII, Tom. Ier, 1767.)

La longue tragédie, intitulée Révolution française, s'est composée de toutes les scènes de cette fiction prophétique. A l'époque de la seconde restauration, époque que les trahisons du 20 mars auroient dû rendre plus instructive, devant la colonne symbolique, le trône et l'autel avoient été relevés le même jour en France : dès le même jour nous avons annoncé que les nains révolutionnaires se remettoient au travail, et recreusoient de nouveau pour exploiter la mine d'argent. La Chambre introuvable vouloit que la monarchie le sût, que la monarchie le vît, que la monarchie ne le souffrît pas; la Chambre introuvable vouloit empêcher que le gouffre rouvert engloutît le trône légitime, empêcher qu'il engloutît même les nains, pourvu qu'ils ne l'attaquassent plus. Pour voir se refermer le gouffre, il n'étoit pas besoin qu'aucun Curtius se dévouât; il suffisoit que *les nouvelles institutions fussent replacées sur les anciennes bases de la religion et de la morale*. Nous l'avons pensé ; c'étoit notre devoir, et c'est là tout notre crime : les injures, les calomnies, les proscriptions renouvelées même n'empêcheront pas que les principes religieux et moraux proclamés en 1815, et le système de gouvernement qui s'appuie sur eux, ne soient la seule ancre qui reste à la monarchie légitime pour son salut. L'autel a prouvé qu'il se soutenoit glorieusement sans le trône : le trône ne sauroit se soutenir sans l'autel; car si tous les Français n'ont pas oublié leur Roi, c'est uniquement parce que tous les Français n'avoient pas oublié leur Dieu.

La monarchie des Fils de saint Louis ne peut affermir ses institutions nouvelles que sur les bases de la religion. Les révolutionnaires le pensent tous ; ils font mieux, ils le disent, ils l'impriment, ils le crient. Le ministère, leur allié, se garde bien de proclamer à la tribune la religion catholique comme religion de l'Etat, ainsi que l'art. 6 de la Charte lui en fait un devoir. Il ne veut pas appeler la religion par son nom; il ne prononce révolutionnairement que les mots de *morale publique*. Qu'est-ce que la monarchie veut donc que ses ennemis fassent de plus pour elle? Ils l'avertissent eux-mêmes de leurs desseins et de ses dangers.

C'est sous ce drapeau ministériel que les hordes anti-religieuses et anti-royales attaquent ouvertement la religion et la monarchie. Apostats, beaux esprits, forts esprits, hommes à sabre, hommes de plume, vieux ou jeunes, mâles ou femelles, tout fait nombre dans la loi de recrutement de la milice conspiratrice, la milice libérale, aujourd'hui la milice ministérielle : mais leur audace fait toute leur force. Ils ont la naïveté de convenir de leur petit nombre, et d'imprimer : « que la masse de » la nation a besoin d'être mise au niveau des » lumières du temps; qu'il faut déraciner en elle » les préjugés, les erreurs, les mensonges qui ont » passé de race en race comme une partie de l'hé- » ritage de nos pères. » (*Journal du Commerce*, 4 janvier 1818.)

Il faut en effet pour qu'ils triomphent, que la masse de la nation n'ait plus « pour tout caté- » chisme, que ces dépôts infects de toutes les er- » reurs anciennes et nouvelles, où chaque insensé » vient consigner sa folie, chaque impie son blas- » phème, chaque empirique son remède, chaque » malade ses rêves, chaque professeur sa leçon, » chaque visionnaire sa constitution, et chaque am- » bitieux son plan d'envahissement et de ruines. » (*Mandement de Mgr l'évêque de Troyes*, en 1819.)

Pour qu'ils triomphent, ils ont besoin que la masse de la nation soit mise à leur niveau : mais leur niveau, c'est le lit de Busiris; leur libéralisme, c'est son hospitalité. La masse de la nation les repousse ; la masse de la nation ne demande à la monarchie que la permission d'être royaliste et chrétienne. Voilà tout ce qu'elle demande à la monarchie; voilà tout ce que les prétendus ministres de la monarchie refusent à la masse de la nation, parce que ces ministres sont aujourd'hui complices des révolutionnaires, en attendant qu'ils soient leurs dupes. Oui, la masse de la nation est royaliste et chrétienne : j'en atteste *sa surprise et ses transports, lorsque, dès l'ouverture de la session de* 1815, *elle vit dans la Chambre introuvable, se recomposer le langage de la raison et de la vertu, dans des discours si nobles et si touchans, si élevés et si simples, tous pensés et écrits sous l'inspiration et la dictée du bon sens et de l'honneur; j'en atteste la joie des bons et le tourment des méchans, quand ils reparurent comme nouveaux ces mots de religion et de morale, de foi et de probité, qui ne craignoient plus de se faire entendre sans dérision.* (Le Roi ne peut jamais avoir tort. Par M. de Marignié, pag. 23.)

La Chambre introuvable étoit éminemment royaliste, parce qu'elle étoit éminemment chrétienne. La haine commune à tous les sophistes du jour pour les monarchies légitimes, vient de leur commune impiété. Leurs fausses doctrines parlent à l'esprit et aux passions : tous les prestiges les favorisent. Les principes religieux parlent aux cœurs et aux consciences : comme la religion, ils ont donc tout contre eux, excepté la vérité, suivant les simples et admirables paroles d'un de nos orateurs sacrés que j'allois nommer, comme s'il avoit besoin de mes louanges. Est-il donc si étonnant que la Chambre introuvable, royaliste et chrétienne, ait préféré les éternelles vérités aux mensonges du jour, et que le dévouement et la piété lui aient inspiré l'unanime pensée que *les institutions devoient être replacées sur les anciennes bases de la religion et de la morale*?

Le christianisme a fait taire les oracles : les principes religieux triompheront des doctrines impies et révolutionnaires. Aucun législateur ne pourroit fonder des institutions nouvelles, qu'en s'appuyant sur les principes religieux. J'en appelle au témoignage éclatant d'un des hommes illustres du siècle dernier, homme historique dont nos jongleurs politiques feignent de révérer le nom, mais dont ils se gardent bien d'imiter la sagesse : « La » religion (et non pas, doctrinairement parlant, la » morale publique), la religion et la morale, dit le » général Washington, en 1796, quand il résigna » la place de président des Etats-Unis d'Amérique;

» la religion et la morale sont les bases nécessaires » de toutes les dispositions et habitudes qui pré» parent le bonheur politique. Ce seroit en vain » que les éloges dus au patriotisme seroient récla» més par celui qui essaieroit de renverser ces deux » grands appuis de la félicité humaine, ces guides » de l'homme et du citoyen. Celui qui n'est que » politique doit les respecter et les chérir, de même » que celui qui n'est que pieux. Un volume ne » suffiroit pas pour retracer tous les liens par » lesquels la religion et la morale tiennent au » bonheur public et au bonheur privé. Deman» dons simplement quelle seroit la sûreté pour la » propriété, la réputation, la vie, si le sentiment » de l'obligation religieuse n'étoit plus joint aux » sermens qui sont une des bases des décisions » dans les tribunaux. Quelque confiance qu'on » puisse accorder à l'influence d'une éducation » soignée sur les esprits d'une certaine trempe, » la raison et l'expérience nous défendent toutes » deux de nous flatter que la morale puisse avoir » de la force en excluant les principes religieux. » (*Bienfait de la Religion chrétienne*. Par Edouard Ryan.)

Quelle est donc la démence de ces maîtres en doctrines et de leurs disciples, de ces prétendus réformateurs des nations, qui veulent fonder leur gouvernement dans l'absence de la religion, je dirai même sur ses ruines? Voilà cependant le premier but auquel ils veulent atteindre. Aucun homme de bien et de bon sens ne s'y méprend plus aujourd'hui. Toutes les insultes faites à la religion sont calculées, sont de commande; l'indifférence même est feinte. Elle n'a pas sa cause dans le préjugé déplorable, mais plus ou moins répandu, qu'elle est contraire aux développemens de la raison et de l'énergie de l'âme, sans laquelle on ne peut espérer de ces conceptions heureuses qui honorent le génie. *Les forts esprits* de la faction ont renoncé à soutenir ce paradoxe absurde : les défenseurs et les amis de la religion ne sont plus taxés de stupidité que par quelques hommes qui, pour être achetés, se disent hommes libres, et qui ne prennent pas le mot d'ordre. Les JACOBINS, nom générique qu'il est temps enfin de restituer aux libéraux, leurs frères et amis, puisqu'ils ont *les principes pernicieux*, la tactique et jusqu'au langage de ces irréconciliables ennemis de la religion et de tous les trônes; les JACOBINS-libéraux savent qu'ils ne peuvent arriver à leur but, sans que le vœu de Diderot, un de leurs oracles, soit entièrement rempli; mais ils suivent une autre marche pour *écraser plus sûrement l'infâme*, c'est-à-dire, dans leur *argot*, la religion. Ils veulent que l'autel tombe, non pas violemment, mais dans la solitude et dans le silence; ils se bornent à empêcher le recrutement de la milice ecclésiastique, à refuser ce que toute la France chrétienne espéroit de la monarchie en 1815, que *le clergé existât dans une honorable indépendance, et qu'il eût l'administration des biens et revenus qui peuvent la lui assurer.* La restitution des biens non vendus suffisoit à l'accomplissement de ce vœu. La faction gouvernante anti-religieuse, parce qu'elle est anti-monarchique, refuse, avec des cris de fureur, sa sanction à cet acte de justice et de saine politique : la faction le repousse, et doit le repousser ; elle ne rempliroit pas les conditions de son double complot contre l'autel et contre le trône ; elle manqueroit à ses engagemens de complicité, si un acte aussi juste, aussi moral, aussi utile aux intérêts de la monarchie légitime pouvoit lui être reproché dans l'exercice du pouvoir que la confiance royale a mis malheureusement dans les mains de ses plus grands ennemis.

Tel est l'arrêt que la faction, dans son impiété, son orgueil et sa haine, a prononcé contre les ministres de la religion ; tel est l'arrêt que les ministres de la faction ont juré d'exécuter ; et, pour le malheur de la France royale et religieuse, ils sont les ministres de la monarchie.

En vain la religion en deuil, en vain la France chrétienne dans les larmes demanderoient-elles une existence civile pour les ministres de cette religion proclamée par la Charte religion du royaume ; en vain demanderoient-elles aujourd'hui que le clergé *soit enfin associé aux intérêts les plus chers de l'Etat, et qu'il lui soit permis de prendre part à l'éducation publique :* cette pétition de la France, qui exprimeroit les vœux innombrables de tout ce qu'elle renferme de pères de famille, d'hommes vertueux, de cœurs droits et de sujets paisibles, seroit d'abord repoussée dans les provinces par les préfets, sentinelles avancées de la triple alliance ministérielle, révolutionnaire, libérale, qui n'en a pas laissé debout un seul sans qu'il fût homme de ses doctrines. Si, trompant leur vigilance, la supplique arrivoit jusqu'à la tribune nationale, elle y recevroit l'injure d'un ordre du jour motivé, ou l'ironique affront d'un scandaleux renvoi au ministère compétent, c'est-à-dire au ministère complice de la faction qui ne veut pas de religion catholique, parce qu'elle ne veut pas de roi légitime.

Tout ce que les factieux ne veulent pas, la monarchie doit le vouloir : pour le soutien de l'autel, pour le salut du trône, le clergé de France attaqué dans la citadelle du christianisme par les révolutionnaires, ce clergé illustré par l'intrépidité avec laquelle il sut braver les souffrances et la mort même pour la défense de la foi, le clergé de France doit être *associé aux intérets les plus chers de l'Etat, et surtout il doit lui être au moins permis de prendre part à l'éducation publique.*

Les Grecs confioient leurs enfans à leurs sages, les Romains à leurs personnages consulaires, les Egyptiens à leurs mages, les Indiens à la caste de leurs gymnosophistes, les Juifs aux patriarches, aux prophètes et aux pontifes. Ame devroit être le premier mot que la bouche de l'homme prononçât. Dieu, âme, religion, éternité : la science de ces quatre mots, supérieure à celle des langues et des plus beaux arts, doit être la science de l'homme avant qu'il sente des passions. La raison peut faire une loi au citoyen de se rendre utile à la société selon les facultés qu'il a reçues en partage, et suivant l'ordre dans lequel il se trouve placé par la Providence : *Mais on a beau vouloir établir la vertu par la raison seule, quelle solide base peut-on lui donner ?* (Emile, Tom. III.)

La science de la religion suffit, si toutes les autres ne réussissent pas : *car la religion est le meilleur garant que les hommes puissent avoir de la probité des hommes.* (Esprit des Lois, Liv. XXIV, chap VIII.)

La religion doit être la base de l'éducation publique; le clergé doit donc y prendre part. La monarchie n'a point de sages, point de personnages consulaires, point de patriarches, ni de prophètes; mais elle a des magistrats et des pontifes : c'est un prince de l'Eglise et un chancelier de France qui sont appelés de droit à présider et à diriger l'instruction de la jeunesse ; c'est la fonction la plus auguste que de veiller à ce qu'elle reçoive des principes religieux et monarchiques pour son bonheur et son repos. Des personnages aussi éminens, aussi sages, aussi éclairés, n'oublieroient jamais qu'ils sont responsables de l'éducation de la jeunesse envers Dieu, envers le Roi, envers les pères et mères de famille, envers l'ordre social tout entier.

Les factieux, ennemis de l'autel et du trône, ont reconnu toute l'influence attachée à la direction de l'éducation publique ; ils se sont empressés d'en dépouiller, dès les premiers jours de leur règne, les congrégations religieuses et les corps enseignans, pour se l'attribuer tout entière. Buonaparte, qui sut vaincre à son profit les révolutionnaires avec leurs propres armes, s'empara de l'éducation publique dans le seul intérêt de son pouvoir ; mais il choisit du moins pour la diriger des hommes déjà honorés par leur rang, leurs talens, leur conduite, leurs principes, tels enfin que la France chrétienne et royaliste croyoit presque avoir été consultée. Les révolutionnaires attendirent silencieusement de meilleurs jours. Leur attente ne fut pas trompée ; et, dès les premiers actes de la seconde restauration, la direction génerale de l'éducation publique fut ressaisie par la faction. C'est une génération révolutionnaire qu'elle veut élever sous les auspices et sous le nom de la monarchie ; ce sont des révolutionnaires qu'elle se charge de faire éduquer depuis l'école du plus petit village jusqu'aux premiers colléges de Paris. C'est dans ce but impie et anti-monarchique que la faction s'est réservé le soin exclusif de l'enseignement; c'est dans ce but qu'elle en a repoussé le sacerdoce et la magistrature qui n'auroient su former que des hommes vertueux et des sujets fidèles. C'est ainsi que le système ministériel n'a pas rougi d'abandonner à la révolution toute la puissance de l'instruction publique ; c'est ainsi que dans tel de ses chefs, à qui les doctrines tiennent lieu des principes, la municipalité conspiratrice de 1792 ne s'étonneroit pas de retrouver un de ses scribes, ni Danton de reconnoître en lui le plus prudent et le plus heureux de ses élèves. (Voy. *Essais sur la Révolution française*, par Beaulieu, tom. III et IV, chez Maradan.)

Si la faction révolutionnaire n'eût pas possédé de tels hommes à la tête de l'enseignement, la monarchie auroit-elle vu paroître ces ordonnances, ces règlemens dont le but visible est de le diriger au profit des intérêts moraux de la révolution ? N'est-ce pas parce que l'éducation est conduite selon les doctrines révolutionnaires que la jeunesse qui n'est *pensante*, *réfléchissante* et *agissante* que depuis qu'elle est confiée à de pareils chefs; n'est-ce pas depuis qu'ils la gouvernent que la jeunesse française a donné le scandaleux spectacle de ces scènes inconnues sous le régime paternel et religieux des corps respectables qui l'instruisoient autrefois? N'est-ce pas parce que l'éducation publique est dirigée dans le seul esprit des révolutions, que la France amie de la religion, de la monarchie et du bon ordre, s'afflige et s'effraie du système d'immoralité appliqué à une jeunesse qu'on élève non pas dans l'ignorance, non pas dans l'oubli, mais dans le mépris de ce qu'elle doit à son Dieu, à son Roi, de ce qu'elle doit à la société, de ce qu'elle doit à sa famille, de ce qu'elle se doit à elle-même?

Est-ce en faveur de l'égalité des droits consacrés par la Charte sous notre monarchie constitutionnelle, et pour parler plus démocratiquement encore, est-ce même en faveur de l'égalité qui n'admet d'autres distinctions que les vertus et les talens (art. 5, Const. de 1793), que les chefs de l'instruction viennent de détruire ces concours où les talens, l'érudition et la moralité reconnus par l'équité et la sagesse, obtenoient dans les écoles les chaires publiques et les dignités? Non, c'est dans l'intérêt de son orgueil et de son ambition que cette puissance *provisoire*, mais prévoyante, essaie de se fonder un patronnage personnel qui soumette le mérite, la science, la vertu à rechercher sa protection, et les amène par habitude à reconnoître sa suzeraineté : c'est dans l'intérêt commun de la faction que la puissance *provisoire*, son alliée, s'empare ainsi de tous les moyens d'écarter de l'enseignement ce qui ne fut pas, ce qui n'est pas, ce qui ne veut pas être révolutionnaire comme elle.

Fidèle à l'alliance des puissances révolutionnaires entre elles, la puissance *provisoire* de l'enseignement se crée, comme la puissance ministérielle, le droit de briser les majorités qui s'opposent à sa domination, ou plutôt qui s'opposeroient à leurs criminels desseins. C'est ainsi que sous le prétexte du trop grand nombre des étudians, la puissance *provisoire* augmente dans la Faculté de Droit les professeurs et les chaires, non plus au concours, mais à sa seule nomination, pour y placer ses créatures, c'est-à-dire des hommes de l'opinion et des doctrines de la faction. C'est ainsi qu'à la voix et dans les desseins de cette puissance vont s'élever des chaires de droit naturel *libérales*. Les insultes, les blasphèmes, les calomnies contre les institutions, les principes religieux ou monarchiques et ceux qui les professent, y dériveront du moins des doctrines, selon l'intention de leur fondateur; les axiomes révolutionnaires y sortiront alors d'une terre classique : le sens commun, la raison, l'intérêt même de la faction demandoient en effet qu'un zèle trop ardent ne fît pas proférer les infamies de cette nature au Collége de France, dans la chaire de poésie latine, et par la bouche d'un lecteur royal. (Voy. *Bibliothèque Royaliste*, pag. 362, séances des 13 et 20 février 1819.)

Certes, ce n'est pas la coalition de la puissance de l'enseignement, de la puissance ministérielle, de la puissance révolutionnaire unies, ce n'est pas cette triple alliance qui permettra au clergé de France *d'être associé aux intérêts les plus chers de l'Etat, ni surtout de prendre part à l'éducation publique :* ce n'est pas cette triple alliance qui consentira que *les nouvelles institutions soient replacées sur les bases anciennes et immuables de la religion et de la morale.*

Tous les desseins de la conspiration anti-religieuse et anti-monarchique sont découverts, et quand les coupables ne devroient plus que se soustraire au châtiment, ils exécutent audacieusement toutes leurs mesures. Quel sera donc le sort de la France, quand les factions impies et révolutionnaires, soutenues par leur alliance avec le ministère, seront parvenues à ensevelir la religion sous les ruines de ses institutions conservatrices de la monarchie? « Il ne sera pas besoin que Dieu déploie » sa foudre et son tonnerre : le ciel pourra se re-

» poser sur la terre, du soin de le venger et de la
» punir. Entraîné par le délire et le vertige de la
» nation, l'Etat tombera, se précipitera dans un
» abîme d'anarchie, de confusion, de sommeil,
» d'inaction, de décadence et de dépérissement. »
(*Panégyr. de Saint Aug.*, par le P. de Neuville.)

Qu'importe que de telles vérités soient peu respectueuses envers un ministère fédéré déhonté de la révolution, envers un ministère coupable, puisqu'il ne veut régner qu'avec elle ou par elle : ces vérités, il les mérite; qu'il les souffre de la bouche des gens de bien qui ne le craignent pas, parce qu'ils ne craignent que Dieu. Le ministère est tout-puissant, puisqu'il brise ce qui ne plie pas. Mais c'est vainement qu'on nous menaceroit de nous renvoyer aux Carrières, qu'on nous menaceroit même de relever pour nous les échafauds, au nom du Roi près duquel on nous calomnie. Tout fidèle défenseur de la religion et de la monarchie ne pliera jamais devant leurs ennemis : et pour notre Dieu, pour notre Roi, nous vaincrons ou nous mourrons debout.

SALABERRY, *Membre de la Chambre des Députés.*

Suite du Développement des Principes royalistes au 20 janvier 1816 (1).

(Ve et dernier Article.)

D'APRÈS *ces mêmes principes, nous désirons replacer les lois sous une plus grande influence morale, en effacer ce qui est contraire à la religion, ce qui est opposé à la morale publique, enfin tout ce qui ne convient pas à l'esprit de la monarchie. C'est sous ce rapport que nous demandons une révision des lois civiles et criminelles; nous désirons en même temps que la magistrature soit environnée d'une plus grande considération* (2).

Les lois monarchiques ne peuvent être fondées que sur la morale; la saine morale n'est fondée que sur la religion. Le plus grand des fléaux de la société, l'absence de toute morale, est l'inévitable résultat du mépris, de l'oubli et de la perte de la croyance religieuse : « Le nombre des crimes » se multipliera avec le nombre des impies. » (Prov., chap. 29, v. 16.) Qu'on lise depuis trente années les arrêts des tribunaux civils et criminels, et l'on y apprendra : « qu'on recueille iniqui- » tés, injustices et désordres, là où l'on n'a » semé qu'impiété. » (Osée, chap. 10, v. 13.) Ce

(1) Voyez le *Journal Général.*

(2) Paragraphe V de la Déclaration du 20 janvier 1816.

n'est qu'en excitant le peuple à violer et à rejeter les lois divines, que les libéraux philosophistes, avec leur libéral philosophisme, lui ont appris à mépriser les lois humaines. C'est en déracinant du cœur de ce peuple la crainte salutaire des arrêts et des rigueurs de la justice divine, qu'ils l'amèneront à insulter à la justice humaine, et à la braver jusque dans ses châtimens. Eh! qu'ils se convainquent donc à la vue de tant de désordres et de tant de crimes, fruits de leurs doctrines, que : « c'est en vain que leurs maçons » bâtissent sans l'intervention de la divinité su- » prême! » (Psal. 126, v. 1.)

Hommes d'Etat d'un jour, hommes sans expérience, sans prévoyance et sans jugement, qui ne connoissez les vices et les passions du cœur humain que par le vôtre, vous osez prétendre, dans un siècle que vous préconisez comme le vrai siècle des lumières, que les lois politiques, pour être bonnes chez un grand peuple, ne doivent avoir aucun rapport avec les idées religieuses; et, ajoutant l'insolence à l'erreur, vous avez l'impudence de déclarer que ceux qui soutiennent des principes opposés à ces doctrines sont atteints et convaincus de la plus stupide superstition! « Une » telle opinion, vous répond un homme célèbre, » sérieusement énoncée, décèle la plus honteuse » ignorance, si l'on en doit croire au moins les

» grands législateurs et les meilleurs écrivains. » (Bonnet, *Essai analytique des facultés de l'âme.*)

Ce malheureux peuple abandonné à vos expériences, ce peuple proclamé *la grande nation* par les jongleurs, vos devanciers, qualifié aujourd'hui par vous du nom de *nation nouvelle*, ne peut, dites-vous *doctrinairement*, recevoir de bonnes lois, si leur texte présente seulement la trace ou le souvenir d'une idée religieuse, et surtout si le nom de *religion* s'y aperçoit même dans le lointain. Mais ces lois faites sans le concours du dogme religieux, ces lois purement humaines, d'où tireront-elles leur force? et quels seront vos moyens pour obtenir la soumission qu'elles commanderont? Vous les appuierez sur la force ou la raison. Un de vos docteurs vous répondra : « Le législateur ne peut se faire obéir » ni par la force ni par le raisonnement. » (J. J. Rousseau, *Contr. Soc.*, liv. 2, ch. 7.)

Vous enjoindrez, vous prescrirez, vous ordonnerez, vous commanderez, tout votre pouvoir se bornera là. Les révolutionnaires, vos devanciers, ont enjoint, prescrit, ordonné, commandé : hommes, vous ne contraindrez point la volonté, vous ne forcerez point la conviction intime sans laquelle il n'y a pas de véritable obéissance; hommes, vous n'obtiendrez pas à votre gré cette soumission volontaire, le plus sûr garant de la fidélité. Rejetant l'appui de la religion, votre justice toute humaine, privée des moyens réels et positifs que la seule religion possède pour commander efficacement, votre justice purement humaine sera réduite à déployer le terrible appareil de la force afin de se faire obéir; mais tous ces hommes qui méprisent les périls et sont accoutumés à braver les douleurs, quand vos doctrines affreuses en auront fait des incrédules, lorsque, grâces à vos soins, ils auront appris à ne plus craindre leur Dieu, craindront-ils vos lois impuissantes? ils ne craindront pas même vos bourreaux. Non, sans la religion, sans le dogme d'un Dieu législateur, toute obligation morale est chimérique : « parce que les lois des peuples et toutes » les ordonnances des hommes sont de vains » mots sans effets comme sans force » (Jérém., ch. 10, v. 3), si la croyance d'un Dieu, souverain maître du monde et juge suprême des hommes, ne leur soumet toutes les volontés et tous les cœurs. Le législateur ne peut donc, d'après les paroles même des philosophes modernes, se faire obéir ni par la force ni par le raisonnement, sans le concours des principes qui admettent une Providence et un état futur; car « quel est celui, dit » le prophète, qui peut dire qu'il soit fait ainsi » que je le commande, Dieu ne l'ordonnant pas? » (Jérém., *Lam.*, ch. 3, v. 37.)

Les principes religieux, plus anciens que la monarchie, étoient comme fondus dans les lois qui régissoient le royaume de France. La révolution, pour régner, a dû détruire toutes les lois de la monarchie : la monarchie, pour régner autrement que de nom, doit détruire toutes les lois de la révolution qui sont incompatibles avec son existence, avec sa conservation, avec sa durée. La révolution a dû appeler à son aide l'irréligion, la licence, l'injustice; elle avoit besoin du désordre, elle a dû briser les barrières, elle a dû rompre tous les liens; la monarchie doit reposer les bornes, rétablir les pouvoirs, et renouer tous les anneaux de la chaîne sociale qui descend des marches du trône. Les gouvernemens doivent être pénétrés des droits des gouvernés; les gouvernés ne doivent connoître que leurs devoirs. Ce sont là les idées libérales dans toute la latitude que le pouvoir souverain peut leur accorder sans honte et sans danger; mais c'est aux gouvernans à les avoir, et non pas aux gouvernés : c'est au monarque seul à introduire, au profit des sujets, les innovations et améliorations, mais avec ordre, mais en silence, mais graduellement, pour l'intérêt même de son peuple. L'équipage d'un vaisseau long-temps réduit à la ration des jours de détresse, ne reçoit pas subitement des vivres à sa discrétion, sans courir le risque de la vie.

La révolution, fille de l'Orgueil et de la Démence, a engendré la république; la république a cédé sa place au despotisme impérial : la France, par une suite surnaturelle d'événemens inespérés, se retrouve sous l'obéissance de ses souverains légitimes, et le nom de son gouvernement est ce qu'il a été quatorze siècles, la monarchie française. Mais les lois de la république, celles du despotisme impérial ne sont ni oubliées, ni abrogées, ni remplacées; c'est dans ces lois révolutionnaires que le ministère, les tribunaux, le conseil d'Etat, les administrations cherchent et trouvent leur jurisprudence. Tout se contredit, tout se heurte, tout se froisse, tout blesse la religion, la morale, la justice, les droits et l'intérêt de la monarchie, parce que toutes ces lois, en hostilité contre elle, sont les seules en pratique, en usage, en vigueur : il n'y a de royal dans ce chaos, que le cœur et les intentions du monarque; et la France, toujours régie par les lois et les hommes de la révolution, cherche la monarchie, et ne trouve qu'*une anarchie paternelle*. Dans la législation entière, l'esprit révolutionnaire est partout; l'esprit monarchique n'est nulle part. J'apporte les preuves.

La monarchie est rétablie sous le Roi très-chrétien, fils aîné de l'Eglise, et le ministère du Roi très-chrétien, par l'organe du garde des sceaux, ministre de la justice, a déclaré que les mots de *morale publique* étoient, dans la pensée du ministère un et solidaire, absolument étrangers à toute idée de religion. Le ministère du Roi a donc solennellement, en 1819, chassé Dieu de la législation française. La révolution a pris acte de cette étrange concession, et en a remercié publiquement le ministère, son allié, par la bouche du libéralisme, qui n'a pas craint de porter la parole.

La monarchie est rétablie sous le Roi très-chrétien, fils aîné de l'Eglise, et l'article 207 et 208 du titre 1er, liv. 3 du code impérial, n'est pas abrogé; c'est-à-dire qu'un prélat ou un ecclésiastique qui correspond avec le souverain pontife, son chef spirituel, sur les questions ou matières religieuses, est encore punissable d'une amende de 100 fr. à 500 fr., et d'un emprisonnement d'un mois à deux ans.

La religion et le respect qu'on doit aux mœurs réclamoient en France l'abolition de la loi révolutionnaire du divorce. La mort civile d'un homme déporté rompt aujourd'hui son mariage: mais l'Eglise ne peut pas permettre à la femme de contracter un nouveau lien pendant la vie du déporté; et même sous le rapport civil, les tribunaux décident contradictoirement les uns et les autres.

Poursuivons : je ne cite que des faits. La session de 1818 a sans doute accoutumé à bien des scandales; mais l'histoire passera-t-elle sous silence celui qui a affligé tous les hommes de bien dans la séance du 11 mars 1819? Un pétitionnaire a demandé que les mariages ne fussent reconnus valides que lorsqu'ils auront été célébrés selon les rites et les cérémonies des cultes respectifs des contractans; et la commission des pétitions s'est crue obligée de proposer l'ordre du jour, attendu que la législation ne voit dans le mariage qu'un contrat civil, et que renvoyer la pétition même au bureau des renseignemens, ce seroit reconnoître que le mariage est à la fois un contrat civil et religieux. La loi impie et révolutionnaire est toujours là; la loi monarchique et chrétienne est à faire, et ce n'est pas la seule occasion où il faudroit qu'elle ordonnât. Voici, sous le rapport religieux, un dernier fait plus bizarre et plus scandaleux.

La solennité du dimanche est ordonnée dans tous les Etats chrétiens, et je ne pense pas que la loi soit même aussi sévèrement observée en Autriche qu'elle l'est en Angleterre; mais en France, la loi révolutionnaire existe : de sorte que sous la monarchie, sous l'empire de la Charte qui proclame une religion et même la religion catholique, comme celle de l'Etat, la solennité des fêtes et dimanches est annoncée, mais non commandée; il n'y a qu'un seul homme en France à qui il soit défendu de travailler ces jours-là, et cet homme, c'est le bourreau. (Art. 25 du Code pénal.)

Ce que la législation révolutionnaire refuse à la religion, elle se garde bien de l'accorder à la monarchie. Le premier soin d'un ministère et d'un conseil d'Etat, dont le devoir est d'être monarchique, n'étoit-il pas de restituer à l'autorité paternelle la plénitude de puissance qui la releveroit du mépris où la législation révolutionnaire l'a fait tomber? La monarchie domestique n'est-elle pas le premier degré de la hiérarchie dont le trône de Sa Majesté est le faîte? N'est-il pas dans la nature, n'est-il pas dans l'intérêt de la société, n'y va-t-il pas de la bonne et sage direction à donner à la jeunesse, sous un gouvernement monarchique, de reporter la majorité à l'âge de vingt-cinq ans, au lieu de continuer l'émancipation révolutionnaire à vingt et un ans; quand on ne doit pas ignorer que les factieux n'ont fait cette loi que pour flatter l'adolescence, qui croit la dépendance importune, et pour mieux façonner à leurs doctrines son inexpérience turbulente et sa crédule impétuosité? N'étoient-ce pas enfin des lois à rétablir le même jour que la monarchie, que ces lois conservatrices des propriétés dans les familles; lois qui en assuroient la dignité et l'indépendance, par le droit de représentation dans les successions, par le droit des substitutions;

lois morales, sages, politiques et tellement inhérentes à l'esprit du gouvernement d'un seul, que l'usurpateur à qui la France doit le bienfait du retour aux idées et aux habitudes monarchiques, n'a pas hésité à reconnoître et à pratiquer ce principe, en rétablissant sous le nom de majorats, les substitutions? Rien n'étoit plus facile, plus juste, plus nécessaire que de remettre en vigueur toutes ces sages et monarchiques dispositions, en les adaptant à la lettre et à l'esprit de la Charte comme à la marche du gouvernement constitutionnel.

Mais, loin de s'occuper des lois monarchiques à rétablir ou à faire, le système révolutionnaire ou ministériel, c'est la même chose, a mis en œuvre toutes les astuces, en pratique tous les mensonges, en réquisition tous les moyens de ses mercenaires, pour éluder, pour torturer les lois déjà faites. L'art. 50 de la Charte laisse au Roi le pouvoir de dissoudre la Chambre des Députés; mais la Chambre, une fois constituée au nombre de 402 membres, pouvoit-elle être réduite de moitié par une simple ordonnance, et sans qu'une loi fût proposée à ce sujet à l'acceptation de la Chambre renouvelée au nombre de 402 députés? Assuré de l'appui du plus ou moins de pagodes consentantes, le ministère n'a pas craint de marcher de scandale en scandale au succès, en bravant les affronts. Mais, dans ces tentatives incertaines d'une puissance jeune de deux ans, qui essayoit les premiers pas de l'enfance, l'honneur d'un des trois pouvoirs de l'Etat restoit intact, et la Chambre étoit consultée au moins pour la forme. C'est l'ordonnance clandestine qui a détruit la loi du 12 janvier 1816, la loi solennelle des régicides, qui a mis au grand jour toute l'impudeur du despotisme ministériel, sans rien ajouter à sa puissance qui aura un terme, ni à sa honte qui n'en aura pas.

Faut-il s'étonner si, du mépris des lois, un ministère, tel qu'une monarchie n'en a jamais vu, est arrivé jusqu'au mépris de la magistrature dont le chef suprême est un des membres de ce ministère un et solidaire ? On lira, et c'est tout dire, dans les annales du système ministériel, qu'un ministre de la justice a outragé aussi indécemment tout l'ordre judiciaire, que sa Grandeur M. le garde des sceaux a jugé à propos de l'oser dans la séance publique du 26 avril dernier. Mais ce n'étoit là que manquer à la décence et à ses devoirs. L'alliance du ministère avec les jacobins exige bien d'autres preuves de servitude. Sa Grandeur leur en a offert une nouvelle, mais qui enseigne que le dévouement n'est pas toujours heureux. « La recherche des délits ne regarde pas » le ministère public, » a-t-il dit ; on sait à qui et dans quelle solennelle occasion. Quoi qu'il en soit, comme l'art 22 du code d'instruction criminelle dit : « Les procureurs royaux sont chargés » de la recherche et de la poursuite de tous les » délits dont la connoissance appartient aux tri- » bunaux de police correctionnelle, ou aux Cours » d'assises ; » la Cour royale, chambres assemblées, sur la dénonciation qui lui a été faite par la chambre de police correctionnelle, par l'organe de son président, de trois pamphlets injurieux et calomnieux pour les régimens suisses capitulés, a dénoncé ces libelles au procureur-général du Roi, non seulement comme calomnieux, mais encore comme séditieux, et a enjoint de poursuivre. Quelqu'ait été le jugement survenu dans cette affaire, il n'infirme point le droit, le mérite et le courage de la poursuite. Honneur aux magistrats qui ne veulent pas que les lois soient muettes ! M. le ministre refuse de parler en leur nom : l'alliance du ministère avec la révolution appelle en effet le dieu du silence à côté du dieu du sommeil.

Cette noble attitude qu'une Cour souveraine a su prendre, ce contraste des lois outragées par le ministre de la justice, et vengées par les magistrats ; cet exemple que le devoir de ce chef étoit de donner, et que sa première punition est de recevoir, la joie publique qui a accompagné le triomphe de la droiture sur la mauvaise foi, et de la vérité sur le mensonge, ne sont-ce pas là les glorieuses et consolantes preuves que la considération justement attachée à la magistrature a toujours soutenu et soutiendra toujours le trône légitime et les lois faites pour l'affermir, pour le défendre, pour le sauver? Cette considération, la magistrature tout entière l'avoit autrefois : « que » les plus considérés dans l'Etat étoient ceux qui » donnoient à l'Etat leur temps, leur fortune, » leur sang, de manière que le plus riche étoit » partout le plus gratuitement utile, depuis le » subdélégué fonctionnaire qui ne coûtoit rien, » depuis le lieutenant de bailliage, dont les fonc» tions étoient onéreuses non pour l'Etat, mais » pour lui seul, jusqu'au président à mortier, » qui payoit 800,000 fr. le droit d'aller au Palais » avant le jour, et de mener, conformément aux » mœurs de ce sévère patriciat, une vie qui riva» lisoit d'austérité avec celle des cloîtres. » (*Réflexions sur l'Ouvrage de M. d'Agoult, ancien évêque de Pamiers*, par Ch. Nodier.)

Cette considération, récompense des sacrifices que les magistrats doivent non pas au ministère, mais à la patrie, c'est-à-dire au trône de qui toute justice émane; cette considération trouve sa base dans l'inamovibilité. L'inamovibilité a fait reconquérir la considération à la magistrature en lui rendant l'indépendance. Mais les droits du pouvoir royal ne permettent pas aujourd'hui que tous les magistrats soient indépendans, comme ils l'étoient dans les plus beaux jours de la monarchie; que du moins, pour l'honneur du corps illustre auquel ils appartiennent, pour la garantie de l'indépendance d'un des trois pouvoirs constitutionnels de l'Etat, que du moins les magistrats amovibles soient donc dispensés, soient donc exceptés des fonctions de membres de la Chambre des Députés, fonctions trop pénibles, trop difficiles, trop périlleuses pour eux. Il y va de la considération du corps entier de la magistrature; il y va de la dignité, de la tranquillité, de l'intérêt, de l'honneur des magistrats amovibles eux-mêmes. Je n'en supposerai qu'un exemple. A l'occasion de la loi des élections et de la proposition de M. le marquis Barthélemy, si honorablement défendue, si scandaleusement attaquée, il pouvoit arriver qu'un magistrat amovible sentît les dangers de cette loi démagogique plus vivement qu'aucun autre député, et se fît remarquer parmi les adversaires les plus prononcés contre cette loi antimonarchique. Il pouvoit arriver que ce magistrat dans son zèle eût été jusqu'à dire qu'il voudroit avoir trois places à perdre au lieu d'une, et qu'il voteroit encore plus hautement pour la monarchique proposition du noble pair. S'il se fût rencontré un ministre de la justice qui osât dire à ce magistrat placé dans sa dépendance : Vous vous inscrirez, vous parlerez, vous voterez en faveur de la loi : le magistrat amovible n'auroit eu qu'un parti à prendre pour perdre son honneur : c'étoit d'obéir. Il lui en seroit resté un autre pour conserver son honneur et sa place : c'eût été de publier à la tribune et l'ordre et son refus.

Il importe aux intérêts du trône qu'elle soit entière l'indépendance qui assure la considération due à la magistrature ; mais le pouvoir ministériel ne cherche qu'à asservir le pouvoir judiciaire dont l'esprit de corps est favorable aux droits du trône, favorable aux libertés publiques, mais ennemi de tout despotisme. Ce n'est ni l'intérêt du trône, ni l'intérêt des libertés publiques qui anime le ministère, c'est l'unique intérêt de son propre pouvoir ; c'est l'hexarchie ministérielle qu'il a conçu l'extravagante idée de fonder, à l'aide du pacte infernal qu'il a juré avec la révolution. Aussi n'est-il pas sorti une loi monarchique du conseil d'Etat, le laboratoire de leur *Pandœmonium*. Il y a quelques mois que la majorité de la Chambre des Pairs et la minorité de la Chambre des Députés ont semblé dire : « Périsse le ministère plutôt que la monarchie! » Les ministres ont semblé répondre : « Périsse » la monarchie plutôt que nous! » La France n'en peut pas douter : M. le garde des sceaux a dit à la tribune avec *franchise* : « Nous n'avions que l'op- » tion. » De là ces monstrueuses alliances, ces engagemens que le ministère un et solidaire a cru de son intérêt de former avec *ces hommes dont les principes pernicieux, sous le masque de la liberté, veulent attaquer de nouveau l'ordre social, nous reconduire par l'anarchie au pouvoir absolu, et dont le funeste succès a coûté au monde tant de sang et tant de larmes;* avec ces hommes que la notoriété publique accuse; avec ces hommes que leur conscience trahit, qui se lèvent dès qu'on les signale, et qui font dire à tous les Français indignés : « Vous vous reconnoissez donc? » La France n'en peut plus douter : la séance du 19 juin en a donné la preuve la plus authentique; c'est du haut de la tribune législative, c'est à la face de la France que *ces hommes aux principes pernicieux* ont reproché, avec autant de franchise que d'amertume, au ministère un et solidaire, d'avoir manqué *aux promesses qui leur furent faites, aux paroles qui leur furent données, et qu'ils durent croire sincères.* Pour nous qui ne sommes et qui ne serons jamais que Français; nous qui sommes étrangers à ces combinaisons machiavéliques, étrangers à l'intrigue, parce que nous ne connoissons que nos devoirs; étrangers aux factions, parce que nous ne servons que notre Dieu et notre Roi; nous qui sommes étrangers à tous les excès, parce que les ennemis de notre Roi et de notre Dieu savent que nous avons été sans reproches, nous ne craignons point *les argumens terribles*, nous méprisons les armes cachées, et nous attendons les épées nues. *Jamais*, non *jamais* nous ne sacrifierons à la peur : vous, ministres, sacrifiez avec nous à la monarchie; que la honte de vos fautes passées n'arrête plus la vérité sur vos lèvres; ayez la noble et courageuse franchise d'avouer les erreurs de votre déplorable système; prouvez, par des effets, que vous reconnoissez enfin que les monarchies ne peuvent avoir pour appui que les principes, les institutions, les lois, les hommes monarchiques. Ministres du Roi, sacrifiez avec nous à la monarchie, et ne nous laissez pas le soin de la défendre, et l'honneur de la sauver sans vous et malgré vous.

Partageons comme frères, dit le proverbe espagnol : *le mien à moi, le tien à nous deux*. Partageons comme sœurs, dit depuis trois années la révolution à la monarchie; mais elle ajoute mentalement : « le mien à moi, le tien aussi. » Sans religion, sans morale, sans lois monarchiques, la monarchie n'est qu'un vain mot; le maintien d'une législation toute révolutionnaire assure par le fait à la révolution l'exploitation du gouvernement de droit. La monarchie consent à lui prêter son nom depuis trois années; il n'y auroit que la monarchie d'étonnée, si bientôt la hideuse révolution osoit lui ordonner de porter ses couleurs, de lui céder le trône, et de lui rendre hommage. Mais son impie et sanguinaire esprit souffle vainement sur la France. L'esprit de la révolution n'est plus que dans un ministère qui a fait son pacte avec elle ; l'esprit de la révolution n'est plus que dans les conseillers qui le dirigent, et dans les coteries révolutionnaires auxquelles il obéit. L'heure du salut de la France et de la monarchie va sonner ; *la voix* a trop long-temps crié dans le désert ; mais aujourd'hui la France, la France qui ne veut plus de révolutionnaires, parce qu'elle ne veut plus de révolution, la France détrompée et indignée, la France chrétienne et royaliste répète aujourd'hui avec nous : « Otez l'impiété de devant » le Roi, et la justice affermira le trône des Bour- » bons. *Aufer impietatem de vultu regis, et firma-* » *bitur justitiâ thronus ejus.* » (Prov. Chap. XXV, v. 5.)

SALABERRY, *membre de la Chambre des Députés.*

IMPRIMERIE DE LE NORMANT, RUE DE SEINE.

SUITE

DES DÉVELOPPEMENS

DES

PRINCIPES ROYALISTES.

(Sixième article extrait du *Conservateur.*)

Nous croyons que la police ne doit être ni une inquisition odieuse, ni un agent du despotisme, mais une garantie pour le trône, et une magistrature qui serve à éclairer le gouvernement, et l'opinion publique sur ses véritables intérêts (1).

Le nom de police nous vient des Grecs : les lois de police nous viennent des Romains, qui les envoyèrent demander aux Grecs par une ambassade de trois sénateurs, disent Cicéron, Tite-Live, Florus, etc. Les Grecs les tenoient de Solon, qui les avoit reçues des Hébreux, en Egypte, où il avoit été converser avec le prophète Jérémie; et c'est des livres de Moïse, que les lois de police tirent leur origine divine. C'est, en effet, dans

(1) Voyez le *Journal Général*, 25 mars 1816.

l'Exode, le Lévitique et le Deutéronome, que nous trouvons, pour la première fois, les lois qui défendent le blasphème et l'impiété, les ordonnances de sanctifier le jour du repos et les jours de fêtes : celles qui regardent les devoirs réciproques des pères, des mères et des enfans, des maîtres et des esclaves : les défenses d'épouser une esclave ou une débauchée, fondées sur ce motif : *que les enfans qui naissent de parens vertueux ont un naturel plus noble que ceux qui sont sortis d'une alliance honteuse ou criminelle.* C'est encore là, comme dans leur source, que nous trouvons les lois somptuaires en faveur de la modestie, contre le luxe et l'intempérance; d'autres, qui défendent les débauches et les prostitutions des femmes et des filles; les réglemens pour la culture des terres, les moissons et les vendanges; ceux qui concernent les viandes dont l'usage étoit alors permis ou défendu; les lois qui éloignent du milieu du peuple les maladies contagieuses; celles qui défendent de nuire à son prochain, soit en sa personne, soit en celles de ses proches, ou dans ses biens; les défenses de vendre à faux poids ou à fausses mesures, ou d'user de tromperie, en quelque autre manière que ce soit, dans le commerce ou dans les arts; les réglemens concernant la voie publique et les bâtimens, le soin de secourir les indigens, qui étoit porté à un si haut point de perfection, que la loi punissoit, comme coupable, celui qui avoit pu assister son prochain dans un pressant besoin, et qui ne l'avoit pas fait; l'obligatiou de recevoir favorablement les étrangers, de ne refuser jamais à personne le feu, l'eau, la nourriture, l'adresse du chemin qu'on devoit tenir, et la sépulture. Notre police a donc été formée sur ces ordres d'origine sainte. Tel est l'ensemble des parties de notre droit qui avoit mérité, par excellence, le nom de *police*, qui ne signifie, en langue grecque, rien moins que conservation *de la Cité*.

Cette police générale appartint spécialement aux comtes de Paris, dans les premiers temps. Nos rois la firent passer ensuite dans les mains des prevôts de Paris. Etienne Boisleve exerçoit sous saint Louis cette importante magistrature; cet homme intègre, actif, zélé pour la justice et le bien public, qui savoit si bien rechercher les crimes, et qui fit pendre un de ses filleuls pour libertinage, et un de ses compères pour crime de larcin. C'est à ce sévère justicier, dont le nom est encore aujourd'hui en si grand honneur, que l'on doit l'institution morale et monarchique des communautés ou confréries des marchands et des artisans. Il leur donna leurs premiers statuts, de même que le chancelier de l'Hôpital ne dédaigna pas depuis de rédiger, de sa propre main, ceux des boulangers et pâtissiers. Ces antiques et illustres fonctionnaires savoient déjà, surent toujours comment il falloit aimer, honorer et servir le Roi et les Français ; nous n'avons rien à faire de mieux, que de les imiter en tout.

Quoi qu'il en soit, depuis Charles IX, les prétentions des seigneurs particuliers, et les envahissemens des tribunaux, avoient amené le partage des attributions de la police. Louis XIV, que nos nivelleurs modernes veulent en vain rabaisser à leur taille ; Louis XIV, qui n'eut que de grandes et exemplaires volontés, ordonna que la police générale appartiendroit exclusivement au Châtelet, et il créa, pour tout ce qui regardoit le service du prince et l'ordre public, cet office de vigilance, de sagesse et de sauve-garde, pour les gens de bien, connu et imité de toute l'Europe, sous le nom de lieutenant-général de police, et dont l'habile et paternel exercice a valu l'estime et la reconnoissance publique aux noms des d'Argenson, des La Reynie, des Sartines et des Le Noir.

Telle étoit la police, en France, jusqu'à l'époque où cette institution est tombée, comme toutes les autres, sous le marteau du géant révolutionnaire, qui, au lieu de perfectionner tout ce qui pouvoit être mieux, n'a employé ses cent bras qu'à détruire tout ce qui étoit bien. Dès lors ce ne fut ni dans l'intérêt du prince, ni dans l'intérêt du bon ordre, ce qui est la même chose, mais ce fut dans l'intérêt des diverses factions qui se donnèrent le nom de gouvernement français, que toutes les polices furent exercées. Sous l'Assemblée soi-disant Constituante, les factieux créèrent une police révolutionnaire, en opposition à la police royale. Ils en firent l'attribution spéciale du fameux comité des recherches, qui rendit historiques les noms de Voidel et de Cochon. Dans l'Assemblée législative, le comité de surveillance exerça cette police extraordinaire, illégale, inquisitoriale, au profit de la faction. Le pouvoir exécutif n'étoit revêtu que pour la forme des attributions constitutionnelles de la police légale. Douze commissions exécutives le remplacèrent le 1er avril 1794, mais dans la même nullité de fonctions. Le comité révolutionnaire, de sûreté générale, fut investi par la Convention, de cette tyrannie publique et secrète. La constitution de l'an III vint séparer les pouvoirs législatif et exécutif, et fit tomber, sous le Directoire, les attributions de la police entre les mains des ministres de la justice et de l'intérieur.

Tel étoit l'état des choses, lorsque le 5 nivose an IV (ou 26 décembre 1795), un message directorial au Conseil des Cinq-Cents demanda la formation d'un septième ministère qui seroit chargé de la police, dans l'arrondissement de Paris. Génissieux dit qu'il falloit étendre sur toute la république, la surveillance que le nouveau ministère exerceroit sur Paris. *Les pagodes consentantes*, cette tribu où l'on entre, même en faisant les preuves de chapitre ; cette tribu, plus ancienne que la restauration, mais qui s'est recrutée même en elle ; *les pagodes consentantes* de 1795 consentirent à la motion émanée du pouvoir du jour, et dans la même séance l'enfant devint géant. La police, qui ne peut et ne doit être que locale, devint police générale, devint police politique.

Ce fut en vain que de bons esprits observèrent que *si ce ministre nouveau-né, au lieu de conserver l'impartialité d'un fonctionnaire public, étoit un homme vendu aux factions, il pourroit faire beaucoup de mal :* ainsi parla, en 1795, le député Regnier. Loin d'être l'égale des autres ministères, dit le député Portalis, *la police doit leur être subordonnée : elle est au dessous de toutes les autorités constituées, et ne doit avoir aucun pouvoir à exercer. Si vous en faites un ministère, vous lui ôtez sa nature de surveillance, pour en faire une autorité qui jalousera toutes les autres, et en sera jalousée à son tour, parce qu'elle les génera sans cesse ; vous en faites une autorité à laquelle vous ne pouvez pas assigner de limites ; une autorité qui envahira les autres ministères, car l'action de la police s'étend sur tout, une autorité qui inspirera des craintes au gouvernement lui-même.*

Quoi qu'il en soit, la volonté du Directoire fut

faite, et le 11 nivose an IV, la dynastie des ministres de la police commença à Merlin (de Douai), qui résigna à Cochon, lequel résigna à Lenoir-Laroche, lequel à Sotin, lequel à Dondeau, lequel à Carlier, lequel à Duval, Duval à Bourguignon, Bourguignon à Fouché, le maître des fourberies, qui fit oublier tous ses devanciers.

Au 18 brumaire, Buonaparte le trouva revêtu du pouvoir, et ne l'en dépouilla pas. Il dut reconnoître pour sien, un ministre lâche, atroce et fourbe, qui recouvroit son caractère d'un vernis de légèreté, d'une fausse franchise, de cet esprit, enfin, et de cette adresse, qui jouent jusqu'aux plus nobles sentimens. Un tel homme n'osa trahir Buonaparte, que quand Buonaparte fut trahi par la fortune et par lui-même, que quand Buonaparte fut repoussé par la France entière, qu'il avoit fatiguée, décimée, appauvrie. Il n'est pas moins constant que pendant quatorze ans, premier consul ou empereur, il posséda son ministre de la police, mais son ministre de la police ne le posséda pas. Buonaparte savoit qu'*une autorité à laquelle on ne peut pas assigner de limites, une autorité qui envahit les autres ministères, dont l'action s'étend sur tout, est une autorité qui peut, qui doit inspirer des craintes au souverain lui-même.* Aussi Buonaparte, qui vouloit bien tromper, mais non pas qu'on le trompât, avoit-il pour éclairer les manœuvres de son féal et bien aimé ministre de la police, trois polices à la fois qui s'observoient mutuellement.

Au mépris des leçons de l'expérience, la seconde restauration vit le ministère de la police tomber entre les mains d'un seul homme. Son dévouement à la cause royale dans les cent-jours, règle du blâme ou de l'estime, une sainte indignation contre les constans ennemis de Dieu et du Roi, de la France et des Bourbons, contre ces misérables *que la clémence offense, auxquels le remords est étranger*, comme le disoit, il y a quatre ans, ce même ministre, qui ne se cachoit pas, qui ne rougissoit pas de les accueillir, de les caresser, de les honorer il y a peu de jours. Ce dévouement apparent, cette indignation crue sincère, trompèrent la majorité des fidèles sujets du Roi dans la session de 1815; et la Chambre eut un tort que la France a le droit de lui reprocher; ce fut d'avoir accordé de confiance l'exécution des lois d'exception au jeune ministre qui les demandoit, plutôt que d'imposer la condition de prévoyance et de sagesse, que l'exécution seroit confiée, non pas au seul ministre de la police, mais au ministère tout entier.

On connoît toute la puissance de ce ministre unique, s'il vouloit le bien; mais connoît-on également toute sa puissance, s'il vouloit le mal? C'est un devoir pour un fidèle sujet du Roi, pour un bon et loyal député de le démontrer.

C'est ignorer la pédie, dit Aristote, dans sa Métaphysique, que de ne savoir pas de quelles choses il faut ou ne faut pas chercher la démonstration (1). C'est ainsi que, lorsqu'il a traité de la politique et des gouvernemens opposés à la monarchie, à l'aristocratie, à la démocratie, il traite également de la tyrannie, de l'olygarchie, et de l'ochlocratie, et donne les préceptes de ces trois gouvernemens vicieux, et des trois gouvernemens légitimes. C'est ainsi que saint Thomas, en ses Commentaires, après avoir blâmé et repoussé par toutes les raisons la domination tyrannique, donne néanmoins les avis et les règles communes pour l'établir, au cas que quelqu'un soit si méchant que de le vouloir entreprendre. (Commentaire sur le 5e des Politiques, texte II.)

Ainsi, pour parler la langue de ces *publicistes spéculatifs*, de ces précieux ridicules, de la nation nouvelle, qui s'intitulent *les notaires de l'état de nature* (voyez *le Courrier*), examinons par fiction ce qu'un ministre de la police générale, sous la monarchie légitime, auroit pu jusqu'ici faire pour la perdre; nous examinerons par fiction

---

(1) *Est enim pœdiæ inscitia, nescire quorum oporteat, quærere demonstrationem, quorum verò non oporteat.*

ensuite ce qu'un ministre de la police générale, ministre en même temps de l'intérieur, président du conseil des ministres, et jouissant en outre de la haute confiance du souverain, pourroit faire pour la sauver.

L'épreuve des cent-jours, consacrée par l'inexorable histoire, avoit classé les crimes, les erreurs, la trahison, la fidélité, le parjure, la foi gardée, la honte et l'honneur chez les Français de 1815. Le second retour du Roi avoit placé la joie sainte et les repentirs dans la conscience de chacun, selon sa conduite. Les coupables se tenoient éloignés de ce trône qu'ils s'étoient rendus indignes d'approcher. Les Bourbons refusoient de les voir; et ces hommes disoient : « Nous n'avons que ce que » nous méritons. » Je leur demande à eux-mêmes. L'espérance étoit cependant au fond du cœur de la plupart d'entre eux : il leur suffisoit de se souvenir que l'auguste famille qu'ils avoient trahie, combattue, proscrite, portoit de tous temps pour devise : « Valeur et bonté. » Mais ce n'étoit point au pardon d'aller au-devant du repentir : la justice, la prudence, la force, soutien triple et solidaire de tous les trônes légitimes, commandoient que la clémence suivît, mais pas à pas, les actes reconnus d'une contrition véritable. Le jour de la monarchie des fils de saint Louis se levoit sans aurore, et présageoit le triomphe des lois et du bon ordre, au milieu de tous les élémens d'obéissance, de dévouement et d'amour qu'il suffisoit de rassembler, pour reconstruire l'édifice royal. Quel auroit été le soin, la tâche, l'effort d'un ministre de la police générale, qui eût dès lors, et depuis de mois en mois, d'années en années, conçu et suivi l'affreux dessein de perdre la monarchie, quand sur la surface de la France toutes les pierres angulaires, toutes les colonnes sembloient remuer pour se rasseoir à la vue du souverain légitime, comme les murs de Thèbes aux sons harmonieux de la lyre d'Amphion? Cet être de raison, afin d'atteindre son but, auroit appelé le mensonge pour l'opposer à la vérité, les doctrines pour les opposer aux principes, les intérêts pour les opposer aux sentimens, l'égoïsme pour isoler, l'audace pour effrayer, l'impudence pour étonner, et toutes les corruptions de l'or, des places, des honneurs pour tenter toutes les foiblesses. Il auroit inventé des conspirations, parce que ce sont les troubles qui compromettent le salut des monarchies, et que, pour favoriser les troubles dans les gouvernemens il faut jeter l'inquiétude dans l'esprit des gouvernés. L'absurdité des moyens ne l'auroit pas arrêté, parce qu'il n'y a rien de si absurde que la multitude ne croie. Il auroit essayé audacieusement tout ce que l'extravagance unie à la perversité peuvent inventer au dedans et au dehors pour mettre en problème tous les devoirs, pour honorer tous les vices, pour décourager toutes les vertus, pour interdire le feu et l'eau, non seulement à ce qui est, à ce qui fut vertueux, mais à ce qui seroit tenté de le redevenir. Il auroit fait enfin tout ce que la France et l'Europe commencent à s'indigner, à s'alarmer de voir depuis quatre années.

Opposons à cette triste et fidèle peinture de tout ce que pourroit faire, pour perdre la monarchie, un ministre de la police générale, de la police politique en France; opposons le consolant tableau de ce qu'un ministre de la police générale, cumulant par un hasard unique le ministère de la police et celui de l'intérieur, la présidence du conseil des ministres, et la haute confiance du souverain, c'est-à-dire unissant la puissance à la faveur; opposons, dis-je, le consolant tableau de ce qu'il pourroit faire pour la sauver.

Il lui suffiroit de dire au Roi : « Sire, ma pré-
» somption et mon inexpérience ont trahi mes
» bonnes intentions; je me suis trompé en vous
» trompant : c'est de mon dévouement lui-même
» qu'est née mon erreur. Toute la France doute
» aujourd'hui de mon attachement à la monarchie
» légitime, à votre dynastie, à votre personne,
» toute la France, excepté vous; car j'oserai vous
» dire, dans l'effusion de ma reconnoissance,
» comme Sully à votre auguste aïeul : *Ah, mon*

» *prince! quel autre monarque, quelle puissance,* » *quels Etats peuvent jamais élever ma fortune* » *aussi haut que vous avez élevé la mienne!* J'ai » trop présumé de mon zèle ardent; j'ai voulu » m'acquitter envers vous, en essayant l'épreuve » la plus téméraire; j'ai voulu, serviteur dévoué, » convaincre mon auguste bienfaiteur des dan- » gers, de l'inutilité, de l'erreur de cette hérédi- » taire et incomparable bonté attachée au nom et » au sang des Bourbons. Sire, combattre et vaincre » Buonaparte, n'étoit rien; combattre et vaincre » la révolution et l'esprit révolutionnaire en » France, c'étoit tout; et, Buonaparte vaincu » et déporté, tout demeuroit encore à faire. » C'étoit la révolution qu'il falloit abattre, qu'il » falloit tuer, en neutralisant les révolutionnaires. » C'étoient les moyens de nuire qu'il falloit ôter » à ceux auxquels on ne devoit pas espérer d'en » ôter jamais la criminelle intention. Il y a quatre » ans, j'ai combattu d'abord avec tous vos vrais et » innombrables amis : j'étois dans leurs rangs » quand je prononçai à la tribune de la Chambre » des Députés, le 18 octobre 1815, ces paroles si » monarchiques, si vraies, telles enfin que je de- » vrois les répéter aujourd'hui (1). Vos fidèles et

(1) « Le sacrifice du droit sacré de la liberté individuelle est immense : mais, commandé par la sûreté et l'intérêt de l'Etat, il n'en sera pas un pour les citoyens fidèles qui n'y verront

» dévoués amis, au milieu desquels je m'honorois
» d'être placé, pouvoient, devoient frapper fort; je

---

qu'une garantie de la liberté et de la paix publique, sans laquelle la liberté privée est vaine et illusoire. Il ne sera un objet d'alarmes que pour les traîtres dont il détruira les criminelles espérances. Le foible sera rassuré : il viendra avec confiance sous l'égide d'un gouvernement fort, en qui il verra la volonté et le pouvoir de le protéger et de le défendre, de se protéger et de se défendre soi-même. Mais n'en doutons pas, un cri d'alarme va être jeté par ceux-là qui savent bien qu'*eux seuls en seront frappés*, mais qui s'efforceront de faire partager leurs terreurs par tous ceux à qui ils voudroient faire partager leurs funestes desseins. A les entendre, tout sera perdu, puisque l'Etat sera sauvé. Vainement appelleront-ils à tout ce que nous avons de plus saint : vainement invoqueront-ils la volonté et les promesses de ce Roi, que dans leur délire ils osent méconnoître, qu'ils outragent dans leurs blasphèmes, et qu'ils ne craindront pas d'implorer, comme l'athée qui brave dans la prospérité un Dieu que son premier cri de douleur ou de crainte appelle involontairement dans l'adversité. Sans doute la bonté du Roi est infinie : mais son peuple, dont il est l'orgueil et l'amour, la réclame tout entière. C'est elle qu'il invoque à son tour pour le secourir contre les efforts de l'anarchie et contre le délire de tant d'ambitions trompées, qu'indigne et que révolte le repos auquel elles se voient condamnées. Sans doute, les promesses des princes doivent être les plus sacrées de toutes les garanties : mais le Roi a-t-il promis que sa clémence et sa magnanimité ne se lasseroient jamais, alors qu'elles ne pourroient lasser le crime lui-même? Il a promis de vouloir tout ce que voudroit l'intérêt de son peuple : son peuple veut avant tout être sauvé. La sûreté du Roi et du trône, celle de l'Etat, qui n'en sauroit être séparée, sont ses premiers besoins : ils sont les premiers devoirs du Roi : il a la volonté ferme de les remplir : il les remplira.

» Nous ne nous exagérons pas les dangers qui nous menacent; mais nous ne devons pas non plus nous les dissimuler : ils sont grands, bien moins par le nombre des factieux que par leur audace. Toute la force des coupables naît de leur impunité. Que dis-je? ils s'en font une arme contre le trône : ils peignent à

» ne sais quelle vaine présomption me fit craindre » qu'ils ne frappassent pas toujours juste; je ne » sais quelle vaine présomption me fit croire que » j'étois plus capable, capable seul de faire mieux » qu'eux. Dès ce jour-là naquit mon erreur : ce » jour-là j'embrassai la fausse et oblique politique » qui décide mon sort, mais non pas le vôtre, non » pas celui de la France et de la monarchie. Fort » de ma conscience et de votre appui, j'ai entre- » pris de tromper la révolution, et de tendre un » piége, que je croyois certain, aux révolution- » naires, afin que votre bonté, laissant agir votre » justice, punît puisqu'il falloit punir, mais punît » à coups sûrs. J'ai joué avec la révolution, afin » de servir la monarchie; je vois trop tard qu'on » ne joue point impunément avec les puissances » de l'enfer. J'ai voulu voir jusqu'où pouvoient

---

cette portion du peuple, trop facile à égarer, l'autorité du Roi, incertaine et foible, incapable de prévenir, hors d'état de réprimer. A l'aide de ces manœuvres, ils parviennent à affoiblir la confiance, à ébranler la fidélité, à entraîner dans l'abîme les misérables instrumens de leurs trahisons. C'est ainsi que s'explique le délire de ces insensés qui osoient encore, il y a peu de jours, faire entendre des cris odieux, qui exciteroient peut-être plus de pitié que d'indignation, s'ils ne déceloient pas, si ce n'est pas toujours de la part des coupables, au moins de la part de leurs instigateurs, des espérances criminelles, des desseins sinistres, l'horreur de la paix publique, la soif des discordes, ce besoin d'anarchie et de sang qu'ils osent qualifier d'amour de la gloire et de la liberté. » (*Discours de M. de Cazes à la Chambre des Députés.*)

» aller, d'un côté, les prétentions du parjure, » l'impudeur de la calomnie, la démence de l'im- » piété, la licence de la pensée, les manœuvres de » l'intrigue, l'art de la perversité, l'égoïsme de la » cupidité, la vénalité de la foiblesse; de l'autre, » j'ai vu jusqu'où pouvoit aller l'héroïsme de la » fidélité, la fierté de l'honneur, et la patience de » la vertu. Pour les éprouver mieux, j'ai osé dire à » des hommes, les meilleurs, les plus sûrs amis » de mon Roi; moi, ministre responsable, moi » qu'ils pouvoient accuser le lendemain, j'ai osé » dire à ces hommes qui sont un des trois pou- » voirs de l'Etat, *que je ne descendrois pas, que* » *je ne m'abaisserois pas jusqu'à répondre*, ou *que* » *je ne répondrois que par le silence du mépris* (1). » J'ai osé leur dire, il n'y a encore que peu de » jours : *Je ne prétends pas à votre estime; j'ajoute* » *même, que je ne la désire pas* (2). Et ces mêmes » hommes, qui sont au-dessus des injures, ne » m'en ont pas moins accordé les six douzièmes » demandés, ou, pour parler plus vrai, ils les ont » accordés, non pas à moi à qui ils ne doivent pas » se fier, non pas au ministère à qui ils ne se » fient pas encore, mais à la chose publique, au » gouvernement, à leur Roi; tandis que les

---

(1) Séance du 29 janvier 1817.

(2) Séance du 24 décembre 1819.

» hommes révolutionnaires, que je n'ai cessé » d'accueillir, de caresser, d'honorer, que j'ai » rendus les objets presqu'exclusifs de vos bontés » et de vos préférences, ont refusé ces six dou- » zièmes à votre ministère, au gouvernement, à » leur Roi.

» Pour le salut de la monarchie, pour l'intérêt, » la gloire et la justice de mon souverain et de » mon bienfaiteur, j'ai voulu tout voir; j'ai tout » vu. »

« *Sans doute une inquiétude vague, mais réelle,* » *préoccupe tous les esprits.* Les causes en sont con- » nues, je les ai dites. Le salut est auprès des » dangers; le remède est auprès du mal. C'est » et ce sera désormais par des hommes reconnus » monarchiques et religieux; c'est-à-dire reconnus » probes, reconnus moraux, reconnus fidèles; » c'est et ce sera seulement par eux que la mo- » narchie légitime se soutiendra, s'affermira, se » perpétuera. Pour la soutenir, l'affermir, la per- » pétuer, tout est à faire dans les choses, tout est » à changer dans les hommes. La première con- » dition de salut, c'est de rétrograder; la seconde, » d'expulser. J'ai dirigé quatre ans et main- » tenu le char royal dans l'ornière révolution- » naire : à l'heure où nous sommes, ce n'est pas » en descente rapide que le chemin se change : à » cent pas il va cesser, il est rompu, et l'*abîme*

» *des révolutions* est ouvert : il faut que le char
» retourne, et qu'il reprenne la route royale au
» pied du trône, au lieu même où le chemin se
» divise, là où a commencé l'erreur. *La nation*
» *ne goûte qu'imparfaitement les premiers fruits*
» *du régime légal et de la paix; elle craint de*
» *se les voir arracher par la violence des factions.*
» Votre Majesté a raison, Sire; car si ma péril-
» leuse épreuve m'a prouvé que Votre Majesté
» n'a et ne peut avoir qu'une sorte d'amis, cette
» funeste épreuve m'a prouvé également qu'elle
» avoit des ennemis sous plus d'une bannière.
» Les factieux se divisent en révolutionnaires ré-
» publicains, révolutionnaires impériaux, révo-
» lutionnaires jacobins, factieux civils, factieux
» militaires, factieux achetés ou achetans; toutes
» ces classes ne font qu'une faction conjurée contre
» votre personne, contre toute votre famille, contre
» votre trône, contre la légitimité, contre la France.
» Je les connois tous; ils me doivent leur existence,
» leur impunité, leur audace, leur rang nouveau
» de puissance dans l'Etat. Il est vrai que ce sont
» des chênes sans racines, sans solidité, sans ap-
» pui : semblables à ces arbres d'Afrique où les
» termites font leurs ruches, sous la main qui les
» toucheroit, ils tomberoient; ils n'ont que l'é-
» corce. Sire, depuis quatre ans j'ai fait le mal,
» dans l'intention de mieux faire le bien. La pré-

» vention, le reproche, l'animadversion me pour-
» suivent : ces insurmontables obstacles m'ôtent
» l'espérance et la gloire de tout réparer : pour
» être loué, il faut avoir réussi; pour être aidé, il
» faut être cru. Les faits m'accusent, et je n'ai qu'un
» moyen de prouver que mes intentions étoient
» pures: tous les gens de bien tournent aujourd'hui
» contre moi un axiome devenu fameux : *Avec*
» *un tel ministre, jamais; avec des ministres mo-*
» *narchiques, le plus tôt possible.* Je me retire... »

Mais que serviroit d'apprendre à ce ministre comment il pourroit sauver la monarchie? Deux fois depuis douze mois la fortune en a offert l'occasion à ce puissant du hasard; deux fois l'absence de tout sentiment généreux, de tout instinct de sa propre conservation, lui en a refusé la volonté. Il suffit d'avoir prouvé qu'un ministre qui auroit fait de la police *une inquisition odieuse, un moyen de son propre despotisme*, qui en eût fait une arme à deux tranchans, propre à renverser ou à protéger le trône; qui, au lieu d'exercer sa magistrature, *pour éclairer le gouvernement sur l'opinion publique, ne se seroit étudié qu'à tromper et le gouvernement et l'opinion*; il suffit d'avoir prouvé qu'un pareil ministre et un pareil ministère sont aussi dangereux, aussi redoutables au gouvernement qu'ils sont odieux aux gouvernés; et certes, aux yeux de la justice divine et humaine, un tel ministre auroit bien mérité, selon la Charte, la double accusation de trahison envers le Roi et envers tous ses devoirs.

Fille de la révolution et nourrie de son lait, a dit le comte de Labourdonnaye le 24 avril 1818, *la police doit périr sur son sein ou la rendre éternelle*. Le nom de ce ministère n'existe plus, mais son ministre existe, et toute la puissance de la police avec lui et dans lui. La perte ou le salut de la monarchie sont dans ses jeunes mains; doit-il pouvoir en décider le salut ou la perte, selon son humeur? Se pourroit-il que le sort de la France ne tînt aujourd'hui qu'à un de ses remords? Tel est le danger d'avoir conservé le ministère dans le ministre, et de conserver aujourd'hui le ministre lui-même. La monarchie est au moment d'être perdue par lui : la monarchie peut être sauvée par d'autres. Que la monarchie soit sauvée, et que la destinée du ministère de la police et de son ministre s'accomplisse!

SALABERRY, *Membre de la Chambre des Députés.*

IMPRIMERIE DE LE NORMANT, RUE DE SEINE.

www.ingramcontent.com/pod-product-compliance
Ingram Content Group UK Ltd.
Pitfield, Milton Keynes, MK11 3LW, UK
UKHW031924260826
14628UKWH00003B/1394

9 782012 465244